从教35年，她走过一条由名师到名校长的成长之路。35年的行走，靠的是
对孩子发自内心的爱，对教育近乎痴迷的执着。她坚信：教育是“慢”的事
潜心研教，静心施教，好的结果就会不期而遇。

在路上

宫爱萍 著

黑龙江教育出版社

图书在版编目（CIP）数据

在路上 / 宫爱萍著. -- 哈尔滨 : 黑龙江教育出版社, 2019.3

ISBN 978-7-5709-0585-0

Ⅰ. ①在… Ⅱ. ①宫… Ⅲ. ①中小学教育—文集
Ⅳ. ①G63-53

中国版本图书馆CIP数据核字(2019)第056961号

在路上

Zai Lu Shang

宫爱萍　著

责任编辑　曾令欣
封面设计　百悦兰棠 [BAIYUE LANTANG]
责任校对　张伟佳
出版发行　黑龙江教育出版社
（哈尔滨市道里区群力第六大道1305号）
印　　刷　廊坊市海涛印刷有限公司
开　　本　787毫米×1092毫米　1/16
印　　张　16.75
字　　数　212千
版　　次　2019年3月第1版
印　　次　2020年8月第2次印刷

书　　号　ISBN 978-7-5709-0585-0　　**定　　价**　58.00元

黑龙江教育出版社网址：www.hljep.com.cn
网络出版支持单位：东北网络台（www.dbw.cn）
如需订购图书，请与我社发行中心联系。联系电话：0451-82529593　82534665
如有印装质量问题，影响阅读请与我公司联系调换。联系电话：0451-51922528
如发现盗版图书，请向我社举报。举报电话：0451-82533087

序　言

最美的一本书

有这样一位老师，她在最美丽最年轻的时候来到了继红小学，十三年的班主任工作使她渐渐成长。她刻苦学习，苦练基本功，成为继红小学几十场基本功汇报的“台柱子”——小学阶段三千多汉字的正音、释义、间架结构、出处，几百首古诗、几十位名家名篇赏析，她都能做到信手拈来，被教师们称为“活字典”“活教参”。她潜心研究语文教学，形成了“扎实、朴实、真实、高效”的教学风格，并在第二届全国青年教师阅读教学大赛中获得一等奖。她以人格魅力和学识才干影响人、凝聚人，力争做学习型校长。从教学副校长到校长，她始终是教师们可敬的“宫大姐”，是学生们可亲的“宫妈妈”，对教师、对学生充满爱和牵挂；她是创新型的领路人，提出“基于问题的主体参与式教研”的备课方式，实现了评价的“四转变八统一”，组建名优教师发展协作共同体……

她就是宫爱萍老师！

从事教育事业，做教师，她追求卓越，带过六届毕业班，对学生们高度负责，所教班级学生的语文素养相当突出，成绩更是遥遥领先。因为对语文教学的热爱，并在上百节公开课中得到锻炼，她成为学校语文教学的一面旗帜；做校长，她心系教师和学生，努力践行“幸福教育”，不断形成“养成良好习惯，持续和谐发展”的办学特色，有“校有特色，示范一方”的美誉。在不同的角色中，她都能踏实努力、锐意进取、有思想、肯钻研、求真务实，这使她成为最年轻的特级教师。她在继红小学、华山小学、奋斗小学和复华小学都留下了卓越的成绩和良好的口碑。

这么优秀的她，早该有这样一本书，记录下她的所思所行，记录下她的青春无悔，记录下她的芳华和硕果，记录下她成长的步履；早该有这样一本书，让年轻的教师们可以分享到她的宝贵经验，可以学习到她的勤奋善思，可以感受到她的教育情怀；早该有这样一本书，拿在我这样的“老人”手里，回首她一路走来的艰辛，回忆和她一起度过的奋斗时光，重温当年的期盼和欣慰，那感觉——沉甸甸的，又暖洋洋的。

这样一本特别厚重的书请我来作序，我特别开心，也特别忐忑，唯恐辜负了作者的心意，还好，对教育的执着和爱，我们一直彼此懂得。

尚庆莲

2017 年底

目　录

成长之路

课堂教学精彩回顾

一点一滴学习做校长

研究之路

走近语文

走近教师，走进团队

管理之路

教学管理

办学管理

成长之路

课堂教学精彩回顾

《狼牙山五壮士》教学纪实

1996 年 11 月

师：这节课，我们继续来学习第十三课《狼牙山五壮士》。上节课，我们初读了课文，并讲了文章的前两段。现在，我们继续来学习后三段，要抓住重点词句，深刻地领会五壮士在狼牙山抗击日寇的战斗中是如何坚强不屈的，并思考这表现了中国人民的一种什么精神。

首先，学习第三段课文，请同学们思考：这段主要写了什么？

（指名学生读第三段）

【**评**：这节课官老师着重讲三、四、五段课文，这样做重点突出，目标十分明确，避免了讲课文“求全”“平推”之弊，可以把“钢”使在刀刃上，做到“一节一得”。】

（学生回答后，教师板书：引上绝路）

师：（出示投影片）这就是狼牙山顶峰，谁来说说它为什么是一条绝路？

生：因为狼牙山顶峰三面都是悬崖，只有一条路，五壮士沿着这条路来到山顶，后面有敌人追击，他们就无路可走了。

师：实际上是死路一条了。对生与死的抉择，班长是什么态度？你从哪个词看出来的？

生：班长的态度是坚决果断的，选择走绝路。我是从“斩钉截铁”这个词看出来的。

（板书：斩钉截铁）

师：班长明明知道这是条绝路，为什么还要选择走这条路呢？

生：说明班长心里想的是人民群众和主力部队的安全，根本没想到自己。

（学生纷纷举手，争着谈自己的理解）

师：那么，战士们的情绪又是怎样的呢？

生：战士们热血沸腾，紧跟在班长后面。

（板书：热血沸腾）

师：什么样是“热血沸腾”？

生：“热血沸腾”就是血液像烧开的水一样。

生：“热血沸腾”就是说五壮士情绪高涨。

师：战士们选择了一条绝路，也就是说面临的将是死亡，为什么情绪还如此高涨呢？

生：为了保护人民群众和部队主力，死亡也值得；为了保存战斗力量，取得战役的胜利，就是牺牲也光荣。

师：因此，我们读班长的话要读得坚定、果断，读“热血沸腾”要高昂，从而表现出五壮士高涨的情绪。我们练读这两句话，老师引读，你们跟着读。“走哪一条路呢？”

（学生接读）

【**评：**抓住关键词语讲解课文内容是宫老师语文教学的一个突出特点。她不仅让学生理解词语的本意，还要理解词语在课文中表达的意思和蕴含的情感，用文中的情感诱发学生读的欲望，这样读的质量就有保证了。】

（学生齐读后，过渡学习第四段）

师：从哪儿能看出五壮士的英勇顽强呢？

生：我是从“班长受伤了、子弹也打光了，最后他们竟用石头向敌人砸去”看出来的。

（板书：砸）

师：（出示投影片）这就是五壮士用石头砸向敌人的场面，请大家默读这部分课文，边读边画描写班长动作的词语，并说说你是怎么理解的。

（学生回答，画出的词有抢、夺、插、举，然后教师板书）

师：什么是“举”，五壮士是怎么举的？

生：“举”是两手向上高抬，从这个词可以看出班长把石头抬得高，表现出他用力很大。

师：文中的“猛地举起一块磨盘大的石头”与“举起一块石头”两个句子，哪个句子更好一些，为什么？

（学生具体地分析、比较了这两个句子，还进行了换词的训练，说“砸”可以换成“投”“掷”“撇”等）

师：作者为什么在这里用“砸”而没有用其他词？

生：因为“磨盘”是形容石头大，“举”是抬得高，向下扔就要用“砸”。

生：五壮士把石头当子弹，石头越大，举得越高，砸死的日本鬼子就越多……

【**评：**官老师抓住“抢”“夺”“插”“举”几个朴实无华的字让学生体会班长的机智勇敢，还引导学生推敲作者用“砸”之巧妙，从而揭示词语运用的规律，这是最有效的词语训练。】

师：那么，怎样读才能表现出五壮士的英勇顽强呢？

（学生通过理解上文悟出读的情感和要领。学生们自由练读后，教师指名朗读）

师：同学们读得很有激情，很有力量！五壮士为什么表现得这样英勇顽强呢？谁来读这个句子？（学生读，出示投影片：顿时……带着……决心，带着…仇恨，向敌人头上砸去）“中国人民的仇恨”是指什么？

生：“中国人民的仇恨”是指对日寇的仇恨。

师：你们说说，我们对日寇为什么那么仇恨呢？

生：日本侵略者在我们东北建立了一个“731”细菌部队，用中国人做实验，还向人体内注射鼠疫。

师：手段极其残忍！

生：日寇在我根据地实行“三光”政策，也就是杀光、烧光、抢光。

生：当时，日本鬼子在我国进行了震惊世界的南京大屠杀。

师：是的，他们竟然杀死了三十多万同胞。想到这些国家耻、民族仇，怒火在五壮士的心中燃烧，他们决心用石头与敌人血战到底。因此，我们要把这种仇恨的情感读出来，两个“带着”，第一个语气要强烈，大家自由练读。

（学生带着激愤的情绪朗读）

【**评：**官老师讲解课文善于联系实际，通过将课文中的事例与现实生活相联系，把“决心”“仇恨”两个词放在具体事例中理解，从抽象到具体，激发了学生的情感，使学生动心，再以“情”促读。强烈的情感通过读来表现，这样就把读的质量提高了。】

（教师过渡到第五段，出示投影片，指导学生自由读课文，边读边想五壮士在跳崖前的表现，学生看图说表现。教师着重引导学生理解五壮士面对死亡，为什么脸上还露出胜利的喜悦。课文中哪些地方写了五壮士消灭了大量的敌人？学生理解后，教师范读：“班长马宝玉激动地说……‘中国共产党万岁！’”然后，训练学生朗读）

师：读得很好，情感很充沛！五壮士用气壮山河的英雄壮举向日寇和所有侵略者证明，中国人民是不可战胜的，是不屈服于任何外来侵略者的，因此，作者在结尾发出赞美五壮士的声音。

（出示投影片，示意学生齐读有关句子）

师：为什么说这是中国人民坚强不屈的声音？

生：他们把敌人引上绝路，在完成战斗任务的情况下，子弹打完了，还用石头砸敌人，最后纵身跳崖，不当敌人的俘虏。这就是英勇的中国人民坚强不屈的壮举。

师：“惊天动地”“气壮山河”指的是什么？

生：“惊天动地”是指声音很大，惊动了天地；“气壮山河”的意思是气魄像高山大河一样雄伟、豪迈。

师：这只是赞颂五壮士视死如归、壮烈豪迈的英雄气概吗?

生：这还是在赞颂中国人民的爱国主义精神，不屈服于任何外来侵略的民族气节。

师：因此，这句中的“英雄”和“坚强不屈”要重读，“惊天动地”和“气壮山河”要读得有气势，这样才能读出五壮士的高大形象和壮烈行为。听老师来读这两个句子。

（教师范读，接着指名读）

师：这壮烈豪迈的口号声响彻云霄，震撼大地，它喊出了中华儿女头可断、血可流、民族尊严不可丢的凛然正气。大家齐读这两句。

（生齐读）

师：（总结全文）历史不会忘记英雄，让我们永远记住这悲壮的历史场面，做一个坚强不屈、自强不息的中国人!

【**评：**这节讲读课成功的主要原因有三点：一是重点段落和关键词语挖掘得深，不仅使学生理解词语表达的意思，还要使学生理解词语表达的情感，把思想教育寓于情感的体验之中。二是以“情”促“读”，先让学生理解词句在课文中表达的情感，激发学生读的欲望，产生读的动机；再通过教师的范读，感染、熏陶学生，诱发学生的情感，使学生动心、动情；最后，是水到渠成地创设读的机会，进行多种形式的朗读训练，学生就读得有趣、有情、有味了。三是联系实际，将课文与实际相联系，相互补充，扩大阅读面，把课文教“活”了，学生的学习就生动、活泼、主动了。的确，宫老师的课给人留下了深刻的印象。】

▲ 此节课在省小学语文第二届“最佳教师”评选会上获“最佳教师”第一名。

《鸟的天堂》教学设计

1998 年 1 月

■ **教学目标：**

1. 通过学习认识榕树美、南国美、祖国更美，教育学生热爱大自然、热爱祖国。

2. 培养学生按顺序观察事物的能力，学习描写景物静态和动态的方法。

3. 体会作者的情感，有感情地朗读课文，注重培养学生读、说、学的能力。

教具准备：投影片、录像带等。

■ **教学过程：**

一、回顾导入

1. 提问：作者两次去“鸟的天堂”，分别看到了什么？

2. 明确本节课的学习任务。

二、学习第二段

1. 浏览课文，厘清观察顺序，找一找哪些是远看部分，哪些是近看部分。

2. 自由读第五、六自然段，思考：远看大榕树是什么样？（对榕树整体感知）

3. 出示投影片，师生共述榕树的样子。

4. 弄清远看大榕树给作者留下的印象。

5. 学习第七、八自然段。

（1）速读第七、八自然段，思考：主要写榕树的哪几部分？

（2）详读第七自然段，说出榕树枝干有什么特点。

①理解“真面目”与“真是一株大树”中“真”的不同意思，体会作者情感；读句子。

②理解“卧”的意思及作用。

③对照投影片理解榕树之奇。

小结：略。

（3）学习第八自然段，理解重点词句，说出榕树叶的特点。

①默读第八自然段，思考：这个自然段突出了榕树的什么特点？

②齐读，概括写榕树茂盛的句子。

③自学第二、三句，提示阅读方法，让学生深入理解。

④同桌之间交流自学情况。

⑤理解重点句意，体会感情。

⑥从作者的感情入手，指导学生有感情地朗读第八自然段，并训练朗读。

小结：略。

三、学习第三段

1. 看录像，听朗读。

2. 提问并进行学生语言表达的训练。

（1）作者第二次去“鸟的天堂”看到了什么场面？

（2）作者是从哪几个方面写这个热闹场面的？

（3）引读“热闹场面”部分。

（4）交代具体描写的方法。

（5）进行学生语言表达的训练。

依据提供的词语和要求说一段话，具体描述鸟的活动场面。分层次训练学生语言表达的能力。

小结：略。

3. 理解“应接不暇”的“暇”字的意思及“应接不暇”在文中表达的意思。（通过读来理解）

4. 体会作者的感情。

5. 指名有感情地朗读本段最后一句话。

小结：略。

四、学习第四段

1. 齐读第四段。

2. “那‘鸟的天堂’的确是鸟的天堂啊！”理解这个句子的意思。

3. 讨论：这茂盛的大榕树为什么会成为鸟的天堂？

小结：略。

五、总结：略

板书设计：

树：干、枝、叶（静态）

鸟的天堂　　　　　　　　喜爱、赞美

鸟：叫、飞、扑（动态）

▲ 此节课获全国第三届青年教师阅读教学大赛一等奖。

《第一场雪》片段点评

1996 年 1 月

【**小学语文的教学大纲指出：**“朗读和默读是最重要最经常的阅读训练，是理解课文的重要方法，也是必须具备的阅读能力。”在阅读教学中如何做到讲得有“板”有“眼”，读得入境、入情、入理呢？哈尔滨市继红小学官爱萍老师讲的《第一场雪》给我们提供了一个“美读”的范例。师生通过讲读再现美的意境，体会美的情感，受到美的熏陶。如官老师在讲雪后这一段是这样做的。】

师：请同学们回忆一下，我们是怎样学习雪中这一段的呢？（师生共忆）首先读课文，接着谈印象，也就是说出景物特点是什么，接着找词语，再接着谈理解，最后说出感受。我们按这个步骤来学习雪后这一部分，请大家读课文思考。

（学生自由读课文后，交流自学体会）

师：谁先来谈？

生：作者抓住的特点是雪后景色很美丽。

师：从哪些词语能看出来呢？

生：从“粉妆玉砌”这个词可以看出雪后景色很美，整个世界像用白色装扮，用玉石砌成一样。

师：请看幻灯片，想一想，“粉妆玉砌”的世界是个什么样的世界？

（教师放映雪后景色的幻灯片）

（学生看着幻灯片，展开想象描述）

生：粉妆玉砌的世界是一个白雪皑皑的世界。

生：粉妆玉砌的世界是一个晶莹洁白的世界。

生：粉妆玉砌的世界是一个玉琢银装的世界。

生：粉妆玉砌的世界是一个银装素裹的世界。

……

【抓住关键词语让学生理解课文表达的意境，用幻灯片再现雪后美景。先把学生带入情境，与作者同境，才能产生同感，这是宫老师教学的一个特点。】

师：同学们想象很丰富，谈得很好。作者看到这种景象，心情会是什么样的呢？

生：作者的心情是又惊又喜，从“嗬”这个字可以看出来。

师：好！那么请说说“嗬”这个字是作者在看到雪的什么情形之后说出的？

生：作者是在看到雪大的情形后发出的感叹。

师：理解得很好。还从哪些词可以看出作者是无比惊喜的？

生：我抓住的词是“玉屑”，“玉屑”就是玉石的粉末。作者把随风飘落的雪花比作玉屑，可以看出他对这场雪的喜爱。

生：我知道玉石珍贵，因此玉石的粉末也是很珍贵的。可见作者把这场雪看得很珍贵。

生：我抓住的词是“五光十色”。它是形容雪花随风飘扬，在阳光的照射下，色彩艳丽的景象。作者感到景色很美，心情喜悦。

生：我通过“毛茸茸”“亮晶晶”“蓬松松”“沉甸甸”这几个词看出雪后景色很美。作者用这几个词如同呼唤雪的小名一样，显得雪十分招人喜爱。

师：所以，作者说雪后的世界是一个粉妆玉砌的世界。的确，雪后的景色很美。（教师朗读课文，学生随师齐读）“天放晴了，太阳出来了……万里江山，变成了粉妆玉砌的世界。”好一派瑞雪丰年的图景。作者看着这绚丽多彩的瑞雪图，心情无比喜悦。

（板书：无比喜悦）

【阅读教学必须通过具体词语去理解课文的思想内容，体会作者所表达的思想情感，这样才能深刻领会作者的写作意图。】

（教师放映幻灯片：“推开门一看，嗬！好大的雪啊！”）

师：谁来读这个句子？

（一个学生读）

师：读得感情还不够，一定要读出又惊又喜的情感，特别是在读“嗬”这个字时，一定要让嘴边挂着微笑。

（教师示范读，再指名学生读）

师：“山川、河流、树木、房屋全都罩上了一层厚厚的雪……”我们在读这些句子时应把粉妆玉砌读重些，还要注意“全都”“厚厚”这些词。

（学生自由练读）

师：你们听老师读这些句子：“一阵风吹来，树枝轻轻地摇晃，美丽的银条儿和雪球儿簌簌地落下来……”

【宫老师读得很有感情，深深地感染了学生，激发了学生的情趣，学生读的欲望强烈，跃跃欲试。】

（学生再次练读）

师：请听老师读：“落光了叶子的柳树上挂满了毛茸茸、亮晶晶的银条儿……”句子中“毛茸茸”“亮晶晶”“蓬松松”“沉甸甸”这些词要读得亲切、轻一点儿，要把意境读出来。

（学生练读，然后齐读）

师：这段这么美，谁能把它有感情地读出来？老师给你们配乐。

（学生配乐朗读）

【宫老师朗读基本功过硬。她在教学中以“读”为主线，把“读”贯穿于讲中，在学生理解、体会作者思想感情的基础上，利用不同形式，选取精彩句段，进行朗读训练，训练学生有感情地朗读课文。】

《詹天佑》教学设计

1995 年 10 月

■ **教学目标：**

1. 正确、流利、有感情地朗读课文。

2. 引导学生厘清课文脉络，了解课文的主要内容。

3. 从具体的语言文字中体会“詹天佑是我国杰出的爱国工程师”这句话的意思。

4. 了解文中抓住人物的语言、动作、心理等词句表现人物特点的写法。

■ **教学重点：**

厘清课文脉络，了解课文的主要内容。

■ **教学难点：**

抓住人物的语言、动作、心理等词句，体会“詹天佑是我国杰出的爱国工程师”这句话的意思。

■ **教学过程：**

一、导入课文

1. 师：同学们，认识这个人吗？（投影出示詹天佑的图片）能说说你对他的了解吗？

生：詹天佑是我国最著名的工程师之一，也是第一批留美学生，被誉为“铁路之父”。

生：詹天佑还是我国杰出的伟大的工程师。

生：詹天佑是第一批公办的留美学生并获得了博士学位。

2. 引出京张铁路。

师：大家知道得可真不少。提起詹天佑，人们就会情不自禁地想起一条铁路，这条铁路就是________（生：京张铁路）一百多年过去了，京张铁路仍然发挥着它的运输作用。一条铁路怎么有如此高的地位呢？走进这篇课文来寻找答案吧。

（板书课题，齐读课题）

二、整体感知

1. 师：自由读课文，说说课文写了一件什么事情？作者重点向我们介绍了詹天佑修筑京张铁路的哪几件事情，怎样用最简洁的语言把这几件事情概括出来？

2. 学生交流，老师引导概括。

（板书：勘测线路、开凿隧道、设计“人”字形线路）

3. 老师出示下面问题，让学生带着这些问题再读课文：

（1）为什么说詹天佑是杰出的爱国工程师？

（2）詹天佑建设铁路的过程中遇到了哪些困难？

（3）从课文中你感受到詹天佑哪些可贵的品质？

三、品读课文

师：课文第二、三自然段描写了当时当地的环境，请同学们找找并读读这些环境描写，并说说这些环境描写的作用。

当时，清政府刚提出修筑计划，一些帝国主义国家就出来阻挠，他们都想要争夺这条铁路的修筑权，想进一步控制我国的北部。

1. 齐读句子，抓住“刚……就……”“阻挠”等词语，体会它们的含义，然后交流体会帝国主义者的张狂、霸道。

2. 师补充：从1895年到1899年，帝国主义国家在我国攫取了近一万千米的铁路修筑权。铁路修到哪里，侵略者的魔爪就伸到哪里。在铁路附近，竞相办厂开矿，掠夺我国的资源。他们修筑铁路，不但获得了巨大的经济效益，还控制了铁路和沿线地区，肆意运输他们的军队等等。

帝国主义者最后提出一个条件：清政府如果用本国的工程师来修筑铁路，他们就不再过问。他们以为这样一要挟，铁路就无法动工，最后还要求助于他们。

抓住关键词语“要挟”，体会“要挟”是什么意思。（利用对方的弱点，强迫对方答应自己的要求）帝国主义者利用清政府的什么弱点，强迫清政府答应他们的什么要求？（帝国主义者利用清政府腐朽、经济贫穷、技术落后、缺乏人才的弱点，强迫清政府答应他们来修筑京张铁路）从中看出了什么？（帝国主义者目中无人、狂妄自大）

出示句子：帝国主义者却认为这是个笑话。有一家外国报纸轻蔑地说："能在南口以北修筑铁路的中国工程师还没有出世呢。"

紧扣“笑话”“轻蔑”“还没有出世”等词语理解这句话的含义。（帝国主义者瞧不起中国工程师，瞧不起所有的中国人）

出示句子：“原来，从南口往北过居庸关到八达岭，一路都是高山深涧、悬崖峭壁。他们认为，这样艰巨的工程，外国的工程师都不敢轻易尝试，至于中国人，是无论如何也完成不了的。”

（1）自读语句，体会与交流。（由于地理条件太差，修筑铁路非常困难，中国人不行）

（2）出示地形地貌图，引导学生感受帝国主义者咄咄逼人的气势，狂妄自大的本性，烘托出詹天佑真挚的爱国情怀。

【设计意图：抓住当时当地的环境，不难感受到环境恶劣、形势逼人，詹天佑直面巨大压力，承担下修筑铁路的任务，表现了强烈的爱国情操。**】**

小组交流汇报：

1. 勘测线路。

詹天佑是这样说的——“我们的工作首先要精密，不能有一点儿马虎。‘大概’‘差不多’这类说法不应该出自工程人员之口。”

（板书：认真严谨）

他是这样做的——他亲自带着学生和工人，扛着标杆，背着经纬仪，在峭壁上定点、测绘。塞外常常是狂风怒号，黄沙满天，一不小心还有坠入深谷的危险。不管条件怎样恶劣，詹天佑始终坚持在野外工作。白天，他翻山越岭，勘测线路；晚上，他就在油灯下绘图、计算。（引导学生抓住重点词语来理解句子）

（板书：不畏艰苦 身先士卒）

他是这样想的——这是中国人自己修筑的第一条铁路，一定要把它修好；否则，不但惹外国人讥笑，还会使中国的工程师失掉信心。

指导学生理解描写詹天佑遇到困难的句子。詹天佑在修筑铁路的过程中遇到了哪些困难？从课文中找一找。

（学生默读）

随着学生的回答，屏幕出示词语：高山深涧 悬崖峭壁 狂风怒号
黄沙漫天 隧道渗水 坠入深涧

师：读着这些词语，你的脑子里浮现出哪些画面？（引导学生想象筑路环境的恶劣）

生：我仿佛看到了到处都是黄沙的塞外，詹天佑带领一群工作人员，在悬崖峭壁上不分昼夜地工作。

生：我仿佛看到詹天佑在昏暗的煤油灯下伏案绘图计算的身影。

生：我仿佛看到了有的工作人员不小心坠入深涧的悲惨画面。

师：同学们，这就是詹天佑生活、工作、战斗的地方。了解了这些，你再来读读他在困难面前是怎么想的句子，你一定有更深的感触。

（出示句子）

师：同学们，詹天佑在修筑铁路的过程中，还遇到了许许多多鲜为人知的困难。所有的困难都没有打倒詹天佑，而是激发了他修筑铁路的勇气和信心，体现了他的爱国之情。

屏幕出示：遇到困难，他总是想：这是中国人自己修筑的第一条铁路，一定要把它修好。否则不但那些外国人要讥笑我们，而且会使中国工程师失掉信心。

2. 开凿隧道。

屏幕出示：

（1）居庸关山势高，岩层厚，詹天佑决定采用从两端同时向中间凿进的办法。

（2）八达岭隧道长 1100 多米，有居庸关隧道的三倍长。他跟老工人一起商量，决定采用竖井开凿法。先从山顶往下打一口竖井，再分别向两头开凿，两头也同时施工，把工期缩短了一半。

你对詹天佑的“两端凿进法”和“竖井开凿法”是怎样理解的，能画出示意图吗？这样做的原因是什么？

（指名学生到展台前解说。出示动画，再次回顾开凿过程）

3. 设计“人”字形线路。

铁路经过青龙桥附近，坡度特别大。火车怎么才能爬上这样的陡坡呢？詹天佑顺着山势，设计了一种“人”字形线路。

（学习这段，让学生体会人字形路线的设计巧妙）

投影片边演示边讲解：

北上的列车到了南口就用两个火车头，一个在前边拉，一个在后边推。过青龙桥，列车向东北前进，过了“人”字形线路的岔道口就倒过来，原先推的火车头拉，原先拉的火车头推，使列车折向西北前进。这样一来，火车上山就容易多了。

体会詹天佑杰出的才能。

【这一环节的设计，是学懂课文的关键，不仅要引导学生完成思考题，还要引导学生抓住重点句子中的关键词句，评议结合，揣摩京张铁路设计精妙之处。理解詹天佑坚持完成任务的坚定决心和顽强的意志，以及詹天佑的创新精神和爱国情怀。】

四、总结升华

詹天佑感动我们的不仅仅是他的杰出才能，更是他忍辱负重的爱国之情。

（出示詹天佑塑像照片）

《十里长街送总理》教学设计

1994 年 12 月

■ **教学目标：**

1. 有感情地朗读课文，背诵课文，理解课文内容，体会句子中包含的意思。

2. 阅读首都人民送别周总理灵车的感人场面的段落，体会人民群众对周总理崇敬、爱戴的真挚情感。

■ **教学重难点：**

引导学生抓住重点词句理解课文主要内容，想象当时十里长街送总理的情景，体会人民群众对周总理的崇敬、爱戴、怀念之情。

■ **教学准备：**

幻灯片、十里长街送总理的情景动画、有关周总理的生平及事迹资料。

■ **教学过程：**

一、导入新课

教师：1976 年 1 月 8 日早 9:57 分，我们敬爱的周总理逝世了，噩耗传来，全国亿万人民沉浸在极度的悲痛之中。当时江青反革命集团不许人民悼念总理。但 1 月 11 日，总理遗体火化时，人民群众冒着严寒，挤满北京长安街两旁的人行道，送别周总理的灵车。因此，出现了十里长街送总理的感人一幕。（观看十里长街迎送总理的实况录像）作者目睹这感人的场面，写出了这篇课文。今天我们就来学习第八课《十里长街送总理》。

（板书：十里长街送总理）

二、初读感知

指导学生厘清课文脉络。

等灵车（1）——望灵车（2—3）——送灵车（4）（板书）

三、精读感悟

（一）学习课文第一大段

1. 学生轻声读第一段，思考这一段描写反映了人们怎样的思想感情？

2. 学生自由读课文，边读边在书中勾画。

【**设计意图**：训练学生带着问题读课文，养成边读边思考的习惯。】

3. 学生阅读后，展开讨论，交流自己的看法。

（1）“长安街两旁的人行道上，挤满了男女老少。路那样长，人那样多，向东望不见头，向西望不见尾。人们臂上都缠着黑纱，胸前都佩着白花，眼睛都望着总理的灵车将要开来的方向。”

“两旁”“挤满”“向东望不见头”“向西望不见尾”，这些都说明在长安街等灵车的人非常多。而三个“都”说明人们都为悼念总理而来。在阴冷的天气里，这么多的人来送别总理，说明总理深受人民的爱戴、尊敬。

（板书：尊敬，爱戴）

（2）“一位满头银发的老奶奶，双手拄着拐杖，背靠着一棵洋槐树，焦急而又耐心地等待着。”

老奶奶年纪那么大了，行动不便，也要拄着拐杖来长安街送总理，可见她非常爱戴总理。“焦急”是说老奶奶盼望早点儿见到总理灵车。“耐心”是说老奶奶无论等多久，也要等到总理的灵车。这两个词语表达老奶奶对总理的深切怀念之情。（板书：焦急，耐心）

（3）“一对青年夫妇，丈夫抱着小女儿，妻子领着六七岁的儿子，他们挤下了人行道，探着身子张望。一群泪痕满面的红领巾，相互扶着肩，踮着脚望着，望着……”

“挤下”“踮着”等词语反映了青年夫妇、红领巾怀念总理的心情。

（板书：怀念）

4. 教师小结：作者用通俗的语言描写人们怀着悲痛的心情，焦急而又耐心地等待灵车的情景。从字面上看，焦急和耐心是矛盾的，但也正是这种矛盾的心情，才更说明了人们对周总理的真挚感情。

（二）学习第二、三段

1. 指名读课文，思考：反映了人们怎样的思想感情？

2. 学生阅读后讨论、交流。

“人们心情沉痛，目光随着灵车移动。好像有谁在无声地指挥，老人、青年、小孩都不约而同地站直了身体，摘下帽子，眼睁睁地望着灵车，哭泣着，顾不得擦去腮边的泪水。”

（1）“不约而同”是什么意思？（指事先没有约定而彼此行动一致。此处是指灵车到来时人们行动一致。）

（2）人们有什么一致的表现？（站直身体，摘下帽子，望着灵车哭泣，顾不得擦去腮边的泪水。）

（3）这一致的表现说明什么？（说明人们非常尊敬总理，为失去总理感到悲痛。连眼泪都顾不得擦，怕耽误送别总理的机会。在无人指挥的情况下，那么多人没经过商量，表现却惊人的一致，说明大家的心情一样，都为失去总理感到万分悲痛。）

【这部分内容是重点，教师引导学生抓重点词语和句子。通过对重点词语和句子的分析理解，体会人们的心情。】

3. 回忆总理生前事迹这部分内容能不能反映人们怀念总理的心情？

（能。由长安街送别总理，想到总理生前的事和昔日见到总理的幸福，更增添了今日失去总理的悲痛。）

有感情地朗读这段课文，读出悲痛、怀念之情。

【在理解课文内容的基础上，有感情地朗读课文，让学生受到感染，

更深刻地体会人们悲痛的心情。】

4. 总结学习方法。

（1）先找出反映人们心情的语句，分析理解。

（2）有感情地朗读课文，体会人们怀念总理的感情。

【学生学完后，总结出学习方法。学生不仅会学习，而且能积累一定的理解、分析课文的方法，提高自学能力。】

（三）学习第四段

师：用上面总结的学习方法自学第四段送灵车部分。

学生自学后，交流讨论。

（1）“灵车缓缓前进，牵动着千万人的心。”

“牵动”一词表面是说人们的心与灵车相连，实际是说与总理紧紧相连。

（2）“许多人在人行道上追着灵车奔跑。人们多么希望车子能停下来，希望时间能停下来！”

这些是说人们都想多看看总理的灵车，盼望能留住总理。

（3）“好像在等待总理回来。”

这句是说人们想念总理，希望总理的逝世不是真的，盼望能永远和总理在一起。

四、创设情境，有感情地朗读全文

播放十里长街上人们等灵车、望灵车、送灵车的情景，再进行朗读。

【**设计意图：**使学生如置身于长安街的人流之中，受到感染和教育，既深刻地体会到千万名群众的心情，对总理无比的崇敬、爱戴和怀念之情油然而生。】

教师边播放边描述：这就是 1976 年 1 月的北京长安街，天又阴又冷，千万名首都人民聚集在长安街，送别总理。缓缓开动的灵车，牵动着千万人的心，灵车渐渐远去，人们仍不肯离去，静静地站着，站着，好像在等待周总理回来。

（学生有感情地朗读全文）

五、总结全文

课文描写了 1976 年 1 月，北京长安街上人们送别总理的感人场面，表达了人们对总理的无比崇敬和深切怀念之情。

《蝙蝠和雷达》教学设计

1995 年 4 月

■ **教学目标：**

1. 朗读课文，把握课文主要内容，理解飞机夜间飞行与蝙蝠探路之间的联系。

2. 运用自主填表法弄清三次试验的结论，通过合作与交流思考人们从蝙蝠身上得到了怎样的启示。学会从文本中获取信息，并提炼信息的阅读方法。

3. 在理解蝙蝠与雷达关系的过程中，运用提炼、画图、联结等阅读方法，感受科学研究的缜密、严谨，体验探索的乐趣，产生对生活中的科学的好奇心。

4. 了解有关仿生学的资料，向学生推荐《奇异的仿生学》，激发学生热爱科学、乐于观察和探究的兴趣。

■ **教学重点和难点：**

1. 教学重点。

理解蝙蝠在夜里飞行的秘密是怎样探索出来的，是如何发现这个谜的，又是如何解开这个谜的，科学家又如何利用仿生学为人类造福的？

2. 教学难点。

对蝙蝠利用超声波导飞，飞机的雷达导航的工作原理，只是文字表述，比较抽象，实施直观教学，使抽象的原理讲述变成直观的图示。

■ **教学准备：**

课件、表格纸。

■ **教学过程：**

一、质疑猜测，揭示课题

1. 出示："清朗的夜空出现两个亮点。"

师：读这句话，能知道些什么？猜猜"两个亮点"会是什么？

2. 出示："清朗的夜空出现两个亮点，越来越近，才看清楚是一红一绿的两盏灯。"

师：知道什么了？再猜猜"两盏灯"是什么？

3. 出示："清朗的夜空出现两个亮点，越来越近，才看清楚是一红一绿的两盏灯。接着传来了隆隆声，这是一架飞机在夜航。"

师：知道什么了？

（注意：学生的猜测过程要合理，如果出现不合理的地方要引导学生回到课文中去抓重点词分析是否合理）

小结：一边读一边思考，进行猜测，带着期待阅读，让阅读更有趣。以后同学们可以运用这种阅读方法去阅读，你会爱上阅读的。

4. 完整地读读这一段，读完后问：读到这里，有什么疑问吗？

出示："在漆黑的夜里，飞机怎么能安全飞行呢？原来是人们从蝙蝠身上得到了启示给飞机安上了雷达。"

指名读，问：知道了什么？

5. 揭示课题。

师：看到课题后，你想进一步知道些什么？（在课题相应处画"？"）到课文中去寻找答案吧！

二、探究三次实验

1. 请同学们自由读课文的三至六自然段，思考：科学家是怎样对蝙蝠进行研究的？画出相关语句，提炼信息，填写表格。

实验次数	方　法	结　果	证　明

实验结论：____

2. 汇报交流。

展示学生填写的表格，对比几个学生的表格，优化填写方法。

小结：我们从文中获取了信息，还要学会提炼信息，这样可以让复杂的内容变得简洁、明了。

3. 读科学家的结论，想进一步知道什么？

三、理解蝙蝠与雷达的关系

1. 默读七、八自然段，人们从蝙蝠身上得到怎样的启示进而发明了雷达？画出关键语句，再和同桌进行交流，并用你们喜欢的方式呈现出来。

2. 展示学生的呈现方式。（文字提炼、文字示意、图画示意……）请学生到黑板上写出来。

3. 看着图示叙述。检查画得是否正确。（结合课文谈想法，注意抓住“反射”）

4. 引导学生提炼两幅示意图，合并成一个图，弄清两者之间的关系。

5. 填空练习。

四、概括课文的主要内容

1. 浏览全文，说说课文主要讲了什么内容。

2. 讲述概括课文主要内容的方法。

五、了解仿生学

1. 介绍仿生学。

2. 让学生说说自己知道的仿生学。

人们从（　　　　　）的身上得到启示，（　　　　　）。

3. 推荐《奇异的仿生学》。

《乡下人家》教学设计

2002 年 5 月

■ 教学目标：

1. 读出《乡下人家》中景致及生活的独特与迷人。

2. 在不断发现、感受《乡下人家》之独特、迷人的阅读过程中，进一步学习、实践“细读文字想画面”“入境体验找感觉”“追随情感来感悟”“联结经验去理解”等阅读方法和策略，丰富写景散文的阅读经验，提升阅读能力，激发阅读写景散文的兴趣。

3. 运用借助工具书、联系上下文、联系生活实际等方法理解“别有风趣”“装饰”“时令”“场地”“朴素”“华丽”等词语。

4. 运用还原对比的方法，感受拟人句的表达效果，读出拟人句中蕴藏的作者情感。

■ 教学重点：

在不断发现、感受《乡下人家》之独特、迷人的阅读过程中，丰富写景散文的阅读经验，提升阅读能力。

■ 教学难点：

关注、理解表达作者感受的句子，体会作者的喜爱之情，不断深化和丰富学生的审美体验。

■ 教学过程：

一、课前热身

读准三个多音字组成的词语，让学生运用“联系上下文，想意思，定读音”的方法。

二、初读课文，整体感知，分享阅读收获

1. 学生自由读课文。

2. 全班交流分享初读收获。

3. 用板书帮助学生记录下初读收获。

预设：能读出《乡下人家》中有什么？有初步的关于景色优美、生活有趣的感受……

三、细品课文，追踪感受，丰富阅读收获

（一）实践、总结阅读策略，深化、丰富关于“乡下风景”的感受

1. 预设策略一：细读文字想画面。

导读描写颜色、形状、姿态的文字——在脑海中勾勒、绘制瓜架、花、竹林的画面。

导读描写方位的词语——理解“别有风趣的装饰”，读出被“瓜架”装饰了的“小小的房屋”的美，读出“别有风趣”的感受。

导读描写“瓜藤生长”的文字——想象出“瓜藤→开花→结瓜”这几幅变幻的画面，并迁移运用此方法；想象出门前几株花“依着时令”“顺序开放”的画面，深化对于“独特”“别有风趣”的感受。

2. 预设策略二：追随情感来感悟。

（1）运用“还原对比”的方法，感受拟人句的表达效果，读出拟人句中蕴藏的作者的喜爱之情。

（2）导读文中作者直接表达感受的句子，理解“别有风趣”“朴素”“华丽”等词语，从而追随作者的情感，深化、丰富自己的感受。

3. 预设策略三：入境体验找感觉。

调动各种感官，走进画面，丰富感受。

4. 预设策略四：结合经验去理解。

结合自己家楼房门前的装饰以及自己身上的装饰品，理解“别有风趣”

的含义。

（二）迁移、运用预设策略，深化、丰富对于“乡下生活”的感受

1. 迁移运用预设策略一：细读文字想画面。

预设：关注“姿态”一词，通过描写，想象出鸡、鸭行走的画面，深化、丰富对于“独特、迷人”的感受。

2. 迁移运用预设策略二：追随情感来感悟。

预设：（1）关注表达作者感受的句子，读出乡村睡梦的甜美。

（2）关注课文结尾总结作者感受的句子，归纳、总结、升华阅读感受。

3. 迁移运用预设策略三：入境体验找感觉。

预设：去听纺织娘的歌声。

4. 迁移运用预设策略四：联结经验去理解。

（1）结合自己生活中对公鸡的惧怕，理解作者对于雄鸡的喜爱与赞美。

（2）结合自己吃晚饭的情景，理解“自然、和谐的田园风景画”。

三、回放画面，强化阅读策略，检验阅读效果

1. 隐去描写姿态、色彩的词语，进行填空并积累。

2. 隐去描写方位的词语，进行填空并积累。

3. 背诵表达作者感受的句子。

四、总结方法，激发对“写景散文”的阅读兴趣

略。

《我帮孙悟空》语文综合性学习

2004 年 7 月

一、情景导入

今天老师非常高兴，你们知道为什么吗？因为今天我认识了很多新朋友。结识新朋友不忘老朋友，我还给大家带来了一位你们非常熟悉的老朋友。看，他是谁？（屏幕出示）认识他吗？说一说你对他的了解。（会 72 变、是《西游记》中的人物）

二、学习简介

通过刚才的介绍可以看出你们真的是孙悟空的老朋友。我得到一个消息，孙悟空听说大家非常喜欢吃水果，所以想在我们学校附近开一个大型的水果店，你们高兴吗？你们猜猜孙悟空的这个水果店主要出售什么水果？（桃子……）

据我所知，帮助唐僧取得真经的孙悟空回到花果山与它的众多徒儿经过五年研究，研制并生产出闻名天下的水果“仙桃一号”，你们听到这个消息后有什么想法？（想看、想吃……）

同学们想知道“仙桃一号”这么多方面的情况，正好前几天孙悟空让我帮它写了一份“仙桃一号”的产品介绍，你们想看看吗？

自由读。通过阅读你都知道了什么？（板书：产地、特点、营养）

再默读，边读边画，你最喜欢“仙桃一号”哪一点？

（学生边读边说，教师随机指导朗读）

三、拟广告词

看来大家都很喜欢“仙桃一号”，怎么能让更多的人知道并也喜欢它呢？（做广告）

你是怎么想到这个办法的呢？（看电视）

你平时喜欢哪些广告？说一说。

老师这里也有几个广告，大家看看。（看录像）

看了这些广告，你有什么感受？这些广告有什么特点？

读读这些广告语，看看它们有什么特点？（语言简练，有创意，能抓住产品的特点）

孙悟空想请大家帮忙做一个广告，看能不能抓住“仙桃一号”的特点，语言简练、有创意地设计出广告语。

以小组为单位，大家分工合作，然后把你设计的广告语写在纸上。（小组合作）写好贴在黑板上。

看了这么多同学的设计，你帮孙悟空拿个主意，选一个设计。（学生评议广告词）

都不错，究竟用哪一个设计，还是让孙悟空自己决定吧！

四、介绍产品

在大家的帮助下，孙悟空的生意越来越好，分店越开越多。它很感谢大家。

我们帮了孙悟空这么多忙，咱们也让孙悟空来帮帮我们，让我们家乡的水果也进入它的水果店，使我们的家乡也出出名！

我们向它介绍什么样的水果呢？

可能产这些水果的地方有很多，我们如何让孙悟空愿意销售我们的这些水果呢？大家想一想办法。（做广告、产品特点介绍）

水果介绍中都应该写什么呢？（产地、特点、营养）

其他人有什么补充吗？

因时间的关系，同学们把你的水果介绍写下来发给孙悟空，它的E-mail是：qitiandasheng@sina.com。

最后我们衷心地祝愿孙悟空水果店的生意越来越红火！祝愿我们家乡的水果畅销国内外！

附：

“仙桃一号”产品介绍

“仙桃一号”是齐天大圣孙悟空经过五年呕心沥血研制成功的水果。它产于花果山，那里山清水秀，绿树成荫，古木参天，空气清新，没有任何污染。因此，“仙桃一号”是当今世界上独一无二的无污染水果。

“仙桃一号”外表白里透红，非常可爱。如果掰开桃子，立刻会露出白色的果肉，还淌着香甜的汁水，看到它没有人不垂涎欲滴的。咬一口，味道甜津津，酸溜溜，比普通桃子的味道好上百倍，就连王母娘娘吃了也赞不绝口，并把它指定为每天必吃的水果。

“仙桃一号”营养丰富，含有几十种营养元素，能使儿童增进食欲、健康成长；能使中青年强身健体、美容养颜；能使老人身体健康、延年益寿。

如今，“仙桃一号”已在天上家喻户晓，成为最受欢迎的水果。

成长之路

一点一滴学习做校长

继红红杉林，我成长的乐园

2004 年 1 月

红杉被认为是世界上最有价值的树种之一。科学家们发现，90 米高的红杉，其根部却很浅。那它为什么能如此高大，且屹立不倒呢？研究发现，没有独立壮大的红杉树，只有彼此根部紧密相连的红杉林。红杉的整体成长、共生共荣的现象就如同继红小学共同发展、紧密相连的教师队伍一样。

站在讲台前，我心中满是感激和忐忑不安。感激各位领导的厚爱、各位同行的支持，为自己仅有的一点儿成绩就有这样一个难得的机遇而深感不安。其实我知道，在继红这片生生不息、共生共荣的红杉林中，我只是那其中不显眼的一棵，是继红这片肥沃的土壤给我营养，是这里的每一位同事像庞大的红杉根系一样，无私地帮助我达到事业的顶端。我是这庞大的红杉林中的一员，二十年的教育生涯与这片红杉林的成长发展息息相关。因此，今天我汇报的题目是“继红红杉林，我成长的乐园”。

一、教师的成长——“三心”铺就名师路

我是 1984 年从哈尔滨师范学校毕业后走进继红小学的，1997 年任教导主任，1999 年在区教委、进修学校挂职锻炼，2000 年任教学校长。16 年中，我辛勤地耕耘，也在快乐地收获。我先后被评为市教育系统劳动模范、省小学语文最佳教师、优秀教师，获得第三届现代园丁奖、市帕弗尔中青年奖、市“十大杰出青年”提名奖；语文教学先后获得区、市、省以及全国教学大赛一等奖；20 多篇教学论文在省级以上刊物发表，还参与了两本书的编写；被聘为全国小语青联会会员，省青年教师研究会副会长，省电台、电视台主讲教师；被破格晋升为小学高级教师，中学高级教师、特级教师。成绩的取得就像一道风景，为我的教师之路增添些许美丽。但我深知这美丽的风景不仅仅属于我个人，它应当属于和我并肩作战的所有同行，属于我对事业的爱心、痴心与热心。

（一）爱心——润物无声

课堂上，用爱鼓励学生大胆发言、努力学习；生活中，用爱对学生细心观察，体贴入微。把爱分给那些家庭生活困难的学生，只希望学生能安心上学；把爱分给那些父母离异的学生，只希望老师的爱会让他们得到慰藉；把爱分给那些胆怯的学生，只希望老师的爱能帮助他们增强信心；把爱分给那些学习困难的学生，只希望老师的爱能坚定他们上进的决心……我坚信，春雨淅沥，润物无声。

（二）痴心——业精于勤

在继红小学做教师基本功要过硬，这是每一位继红人的共识。我是继红小学教师基本功发展变化的亲历者，15 年前和同事们一起练习“三笔”字，后来又巩固教学中的基础知识和练习基本技能。我们挤出一切可以利用的时间熟悉教材，小学阶段三千多汉字的正音、释义、间架结构、出处，几百首古诗、几十位名家名篇赏析等，都能做到信手拈来，好多教师可以被称为“活字典”。作为主力，我参加了学校二十几场的教学基本功汇报，因临场救急、发挥出色而受到霍懋征老师的表扬，同时还参与编写了《小学教师基本功训练》一书，为哈尔滨市教师大练基本功提供了可借鉴的经验。2003 年，继红小学在全国中小学整体改革学术年会上展示的基本功汇报让人耳目一新，叹为观止。大胆整合、新颖创造在全国也是首例，现场有专家感叹“21 世纪的教师应该是精神生命的创造者，你们就是精神生命的创造者”。由过硬的基本功到综合素质提高，“15 年辛苦不寻常”，我却从中感受到了教师专业发展的前进脚步，我和继红的同事们愿意做勇敢的探索者和实践者。

继红的办学理念是“追求优质教育，实现主动发展”，什么样的课堂教学是优质的？这是我不断警醒自己、不断实践探索的问题。

我结合自身特点，注重在语文教学中“以情感人”，用“情感”这条纽带把教材、学生和自己融合为一个生命体，共同经历一段段独特的精神体验。潜心研究，总结了创设课堂教学情境的四种有效方法：图文讲解法、演示体验法、声情并茂法、以情促读法；注重对学生语文能力的训练和培养，真正做到识字在训练中巩固，能力在训练中提升，思维在训练中发展，习惯在训练中养成，情操在训练中陶冶，这些逐渐让我形成了扎实、朴实、真实、高效的教学风格。正是求真求实、情理交融的教学特色使我在1997年第二届全国青年教师阅读教学大赛中取得了一等奖的成绩，参赛课的教学设计、课堂实录也被发表在《小学语文教师》和《小学语文教学》上。我连续十年参加百花奖教学大赛，年年都得一等奖；做公开教学百余节，先后被省电视台和市电视台聘为语文教学主讲教师；参与录制了“讲解技能、演示技能”和微格教学示范“导入技能、结束技能”的音像教材；几十篇论文分获国家、省、市一、二等奖，十几篇文章发表在国家、省、市的教学刊物上；多次为各级骨干教师培训班做专题讲座。面对巨大的压力和工作量，一切动力皆来自我对教学的痴心。我痴心地爱着我的事业，爱着我的学生、同事。

（三）热心——春风染绿

我知道，红杉是靠着团队的力量才得以枝繁叶茂、高大无比。“大家好才是真的好”“好方法大家一起用，好思想大家一起分享”，这是红杉团队精神的体现，是继红小学真实的写照。为此，我们付出了别人难以想象的努力。课堂上，我和教师们一起讨论教学的得失，有时争得面红耳赤；帮教师备课时，为一个小环节的设计，常常茶饭不思、夜不能寐；荣誉面前，大家你推我让，心中装的是大局、是集体。继红红杉林有了你、我、他，有了每一位教师的热心，才有了今天的发展壮大。

二、校长的成长——“三重”实现名校梦

1997年由于领导的器重和同事的信任，我走上了领导岗位，先任教导主任，后又担任主管教学的副校长。一位好校长就是一所好学校，在尚校长的影响下，我懂得了领导应该以人格魅力和学识才干影响人、凝聚人，应该终身学习、不断创新，应该与全校教师同呼吸、共命运，与继红红杉林共生共荣。

（一）重终身学习，实现教师个体与学校整体的持续发展

1. 做学习型校长

做校长后，虽然事务繁多，但我仍然抽出时间学习、思考、写作，每天阅读十几种教育教学刊物，上网浏览教育信息。在学习理论知识的同时，更重视实践经验的交流，专题讲座、教师论坛、教学研讨、科研论证……只要有可能，我都会积极参与，虚心学习，深入思考，将好的做法及时推广。

此外，我还参加了东北师范大学为期两年的教管系研究生班的学习，系统地学习了中外教育史、教育学、心理学、教学管理等八门课程；2004年我又参加了小学骨干校长研修班的学习。通过不断的学习，我对教育教学有了更深刻的理解，对关于教育、关于教师培养、关于学校发展有了更多的思考。

2. 带学习型教师

面对新课程，学校确定了教师行动计划，鼓励教师规划自己的事业，树立教育理想，养成终身学习的习惯。为此，我和同事们共同搭建了多个有效平台，形成了研讨型校园文化。如每月的新观念、新案例研讨是各级骨干教师再提升的平台；每周二例会上的专题报告、特色介绍、课改动态三个小栏目是全校教师获得最新思想、分享实践快乐的平台；每天的教后反思是新一年实验教师感受实验快乐、反思实验得失的平台；“师徒结对签合同，互相听课指不足，交流整理为发展”的师徒结对活动则是骨干教

师和青年教师最受益的共同研讨、共同提升的平台……在这大大小小、形形色色的平台中，教师们目睹了窦桂梅、靳家彦两位名师的教学风采；聆听了课改专家肖川博士、赵守文主任、孙波局长、宋春生校长的精彩讲座；接受了市区教研员、社会各界的亲临指导；涌现了一批像特级教师贾丽滨，国家级骨干教师王京、陈凌等名优教师。

3. 建学习型学校

“培训是最好的福利。”尚校长这句口头禅已成为每一位教师的共识。学校为教师提供尽可能多的培训机会，鼓励教师超越自我，改善心智模式，认同学校发展的目标，坚持团队学习。在此基础上我提出了“基于问题的主体参与式教研”，把备课与学年研究的课题结合起来，针对每位教师的特点，采取问答式备课，倡导教师具有问题研究意识，能坦诚地提出问题，在团队学习地碰撞下解决问题或更深入地发现新问题。在实施新课程的两年里，仅二年组就为全区教师进行了三次“主体参与式教研”的展示。学校的备课活动先后在区市被观摩十余次。2001 年哈尔滨市教育局以我校为专场，召开了全市推进课程改革现场会。在现场会上教师们针对会上的两节研究课以及对课程改革的认识、思考和质疑展开了深入研讨。这种教师论坛的形式得到与会领导和兄弟学校的极大赞许，尤其是教师在讨论中表现出的思辨能力和学识涵养更让我感到自豪。继红小学在新一轮课程改革中又一次走在了前列！

（二）重教学管理，实现新课程的新理念

教学质量是一所学校的生命，只有抓住这条命脉学校才能生存、发展、造福社会。作为教学校长我更要时时思考如何切实提高学校的教学质量、保证学生的发展。

1. 人本主义的备课观——“我的眼里只有你（学生）”

以人为本，抓好教学工作的第一关：备课。我认为备课第一要为学生发展考虑，第二要为学生需要考虑，第三要为学生兴趣考虑，之后再系统确定备课过程中的“四改变、四结合”。在继红小学每周二的备课中，一课内容可以有三五种甚至更多的教学方案，从教学情景创设、教学背景资料引入，到教学活动设计，每位教师都会根据本班学生特点设计符合学生需要的教学方案。

2. 建构主义的教学观——“学生绝不是白纸”

“学习不是被告诉的过程，而是学生积极主动构建的过程”“知识不是现成的，是生成的，解释的，建构的”……教师的教学行为要有相应的教育理论支撑。我与教师一起学习了建构主义学习理论，并提出要“关注学生先前经验，引导学生进行主动建构活动，以促进学生经验系统变化”；提出教师的课堂教学要做到“四个关注”，即关注学生的已有状态、参与状态、交流状态和达成状态，强调教师教学过程中的四个意识，即质量意识、建构意识、创新意识和合作交流意识。在学校的“创新杯”教学大赛中，我们提出“不求完美，但求创新”，为教师创造机遇与舞台。许多优秀教师在“创新杯”大赛中脱颖而出，并在比赛中不断磨砺自我、发展自我。观摩继红小学课堂教学是让人激动振奋的，我们在继承与创新中建立了较完善的教学管理体系，我们的教学观深入教师、学生和家长心中，扎实朴实与人文创新形成了继红整体的教学风格，为优质教育提供了有力保障。

3. 多元理论的评价观——“多一把尺子就多一批好学生”

在新课程的实践中，我们越来越感觉到教学评价是管理的瓶颈问题。评价是课改的关键，关系着教师和学生个体的发展。我校引领教师系统学习多元智能理论，树立全新评价观。在实践中我们提出了评价的“四转变八统一”，以此为指导制定了具体的教师教学和学生学习的评价量规，为师生建立成长记录袋。学校对学生的学业评价由单一静态的评价发展为多项菜单评价，再到自选超市评价，同时实行“无劣评价”“动态评价”，发挥学生的自主性，使学生充满自信、充满希望地成长，并且提倡教师把每学期的成绩单改为“学生发展素质报告单”，这种丰富多彩、独具个性特色的报告单曾被哈报多次跟踪报道。

（三）重名师培养，打造教师个人和学校整体的共同品牌

随着课改的深入，我们意识到：在课改实践中产生许多新问题，需要名师先行攻坚克难；教师队伍专业发展也需要名师的专业引领。名师是学校的财富。怎样为学校创造更多的财富？

我们首先确定了名师的培养方案：组建名优教师发展协作共同体，对名师的教学方法进行论证，集合骨干教师开展问题研究，开展多层面的交流互动，积极开放名师课堂，将名师个人成长与全区乃至全市的教育发展相融合，起到示范、引领、宣传的作用，同时借外地、本地教育名家、教研员、名师之力拉动学校名师成长。通过一阶段努力，现在学校已形成前有名师引领、中有骨干力量支撑、后有青年新秀蓄势待发的动态发展的教师队伍模式。正是这些具有良好师德、拥有深厚学识和高超教艺的教师为继红小学奠定了良好的社会威望，使继红小学拥有良好的舆论支持。我深知每一位教师都功不可没，更知道学校在组建名师队伍道路上的每一步走得都不轻松。我们愿意把本校课改工作中好的做法与全区、全市乃至全省、全国的同行分享。学校先后派出几十位领导和教师在各级各类的新课程研讨会议上做研讨课、专题报告，做新课程教师综合素质基本功的汇报。而我不仅是参与者、执行者，同时也是领导者、决策者和创意提供者，我将自身的成长发展与学校的发展密切结合起来，共生共荣。

作为主管教学的副校长，在同事们的支持下，我积极创新教师培训模式，积淀教师的文化底蕴；努力创设新课堂体系，彰显新课程内涵；多方创建交流平台，在反思中提升校本教研；积极创新评价体系，激活教师的发展潜能……我会抓住教学管理的主阵地，带领学校教师在新课程实施中一同追寻让继红小学成为全国知名的教育百强学校的名校之梦，树立智慧型、研究型、阳光型教师的继红名校名师的教育形象。

如果说继红小学像一片红杉林，紧密相连，相互支撑，依靠团队的力量屹立于教育的不败之林，那么我愿做其中最坚强的一棵，迎接风雨，冲锋在前，与同事们心手相连，为红杉林的繁荣茂盛、发展壮大而努力；我更愿像尚校长一样，让自己的一枝一叶都化作滋养继红红杉林成长的养料，因为继红是我成长的沃土。

实实在在走进校长角色

2009 年 12 月

转眼间，走进哈尔滨市华山小学已有一年，一年来我深切感受到华山小学教师的纯朴可爱，华山小学领导班子的团结向上，这促使我更加热爱这所学校，更加热爱这个大家庭中的每一位教师。

一年前，我是带着疑惑和苦恼走进华山小学的，疑惑的是许多在继红小学顺理成章的事情在这里却成为问题，按时上下班，准点上下课，学生在哪儿，教师就要在哪儿等这些常规都落实不了；苦恼的是面对新工作我毫无经验，不知从何下手。但随着一天天的深入，我一天天地被感动，被局领导的全力支持所感动——孙波局长、高萍副局长的关心，部长、科长的亲自指导；被副手们强烈的责任心所感动——每一个细节的提醒；被教师们的善解人意和淳朴善良所感动——每一次校务分配的工作都是主动承担。这一切让我心存感激，我知道，我唯有用自己的全部热情和努力付出来回报，才能对得起大家对我的照顾。

经过一段时间的细致观察和思考，以及与领导班子的反复论证，学校整体发展的目标及规划逐步清晰。把“以诵导行，做自信、阳光的华山人”作为办学目标，以加强学校管理、完善各项管理制度、注重教师队伍建设和学校文化建设为措施，以“实”为基点，促进学校发展。一年来，我时时刻刻牢记孙波局长的话语，那就是抓住“实”字做事。下面我就将这一年来我们是怎样围绕“实”字工作的总结如下：

一、管理制度，注重实用

2009 年 2 月 23 日—3 月 20 日，我校领导班子通过反复征求意见、讨论、论证、修订，出台了《哈尔滨市华山小学常规教学管理制度》和《教师考勤制度》，并且在学校职代会上通过。制度不多，但要把它落到实处、真正实施起来不容易。就以《常规教学管理制度》为例，分别从课堂常规、备课、听课、考试、质量分析等几个方面做了详细的规定。为保证实用性，我们有配套的“二次备课制”“测试五关制”“领导日巡查制”等。下面将对“测试五关制”和“领导日巡查制”进行详述。

1. 测试五关制

第一关：试卷质量关。为了提高试卷的质量，开学初由一把手校长就以往试卷中出现的问题、如何抓住教材的重点和难点、怎样按板块变换题型出试卷等方面给班子成员进行全面的培训；然后由各学年的主管领导在自己钻研教材的基础上草拟试卷，并在规定时间内上交试卷；再由校长亲自审查并提出修改意见；主管领导修改调整后校长再检查，合格后方可统一印刷。

第二关：组织测试关。严肃考纪，单人单桌，考试后卷子统一封存。

第三关：严格批卷关。主管领导亲自组织教师们统一标准、流水批卷。

第四关：质量分析关。卷子拆封后教师填写《教学质量分析表》《学生考试成绩登记表》《学年成绩统计表》，在班级质量分析的基础上每月要进行学年集体分析（数学、语文、英语三科）。质量分析中，要把班级平均分、及格率、优秀率、每一板块的正确率，以数据的形式呈现，从教师和学生两方面客观地分析问题及其产生的原因，明确解决问题的方法。

每月测试后，学校都要召开质量分析会。主管领导要从卷子的难易程度、知识点的涵盖情况、学生的掌握情况、问题集中的地方等方面就本学年的整体情况进行全面的质量分析，并且拿出解决的对策。在质量分析中，我们实施的是三级汇表制度：班级质量分析表、学年质量分析表、学校质量分析汇总表。

第五关：课堂跟进关。目的是把每次测试中发现的问题在卷面分析课堂中进行集中解决。为此，校长还专门对班主任教师进行了培训，主题就是如何上好跟进课。

2. 领导日巡查制

华山小学领导班子共五人，我们分工合作。每天有一名领导值周，负责楼内巡视，督促、检查教师的上下课情况，进行翔实的记录，做到发现问题及时提示、督促改正。每周学校有一个汇总，把汇总的情况及时反馈给教师。检查不是目的，目的是使全体教师在华山小学常规教学管理制度的约束下严格要求自己，实实在在地上好每一节课，提高教学质量。

把简单的事情做好就是不简单。我们的常规管理制度其实很简单，把简单的事情一点一滴地落实，做精做透，这种劲头就是我们华山人不断提升的动力所在。

二、队伍建设，注重实在

教学是学校的中心工作，教学质量是学校生存和发展的生命线，而教师则是把握这生命线的主力军，因此，师资队伍建设是学校发展的重中之重。而恰恰是这样一项对于学校来说最重要的工作，我们却认为要用最平常的心态来面对，那就是对学生的成绩不能急功近利，教师的课堂教学不能浮躁虚假，要真诚地尊重教育教学规律，要理性地看待学生与教师的成长，踏踏实实地积跬步以致千里、积绵力以击长空。

在开学初我校领导班子多次开会，对学校教师的现状进行了深入分析，发现存在教师的教案和实际上课情况不相符，存在教师备课走过场、对教材的理解和把握不到位、重难点确定不准确等问题，导致课堂教学效率不高，学生成绩低。因此，我们决定首先要解决的问题是备课。通过反复论证，我们确定了强化个人备课、落实集体备课、加强二次备课的工作思路。

在个人备课中教师首先在确定学段目标的前提下了解教材、把握教材，并在对学情进行分析的基础上选择合适的教学方法。备课细化了教学环节中的每个流程，从课堂练习、板书设计，到作业布置都能做到明确、清晰。同时在个人备课中教师们把自己遇到的把握不准、解决不了的问题圈点记录，以便在集体备课时大家共同研讨解决。在强化个人备课的同时我们还进行了教案书写的分层管理。骨干教师尝试电子教案，非骨干教师使用手写教案，年轻教师写详案，重点写清教案的每一环节，以达到尽快对所教学科内容烂熟于胸的目的。这样使得骨干教师有更多的时间去研究教材，充分利用优秀的共享资源达到最佳教学效果。之后我们又进行了教案结构的调整。教案中教学流程部分由教学预案、个人空间、集体智慧三部分组成。个人空间是教师对照教学预案的每个教学环节内容的设计进行解读，写清楚设计目的、意图；教师结合自己班级的实际情况进行调整，同时表述清楚调整的原因及目的。这样教师们再次明确预案设计的目的，对顺利完成课堂教学有极大的帮助。集体智慧是团队教师对教学内容的补充、调整的建议，充分展现团队的智慧。

对于集体备课，我们的做法是借外力，增内力。我们借助继红小学这一资源来增强我们的备课能力。从 2009 年 3 月到现在，我们三次组织全体教师走进继红校参加继红小学集体备课，多次派不同学科教师到继红小学参加相应学科的备课，参与人数 100 多人次。教师们真正地走进继红，聆听名师、骨干教师在集体备课中的专业指导、引领。三次原生态的集体备课，教师们获益匪浅。继红小学领导为教师们量体裁衣，因课而异、因人而异、百花齐放、不拘一格的教学设计令我们耳目一新，真正凸显了集体备课的实效性。回校后以集体备课后的启示、感悟、思考为内容进行了分组交流。我校教师的变化明显表现出来，集体备课时大家主动参与、畅所欲言。年轻教师更是跃跃欲试，主动要求领导听课指导。分析交流后，我们又对集体备课模式进行了调整，集体备课做到“四统一两结合”。四统一，即统一教学进度、统一教学目标、统一教学重难点、统一阶段测试；两结合，即固定与动态相结合，主备与研讨相结合。

通过近一年的学习与实践，感觉教师们的教育教学能力明显提高。今年 10 月，我们组织了五年级的集体备课展示。此次活动分三个板块：集体备课展示、课堂教学展示和课后研讨展示。无论是集体备课时的一人主备、多人研讨与领导把关相结合的备课模式，还是展示青年教师风采的课堂教学，以及课后反思与同伴互助的评课现场，都给参与的教师们留下了深刻的印象。在这个过程中，教师们感受到了自己的成长，分享着收获，更调动了热情，最后参会的教师从不同角度、不同方面全面地诠释了这节课，为执教者提出了宝贵的意见。通过这样的活动，教师们清晰了集体备课的基本思路、掌握了集体备课的基本要领在课堂教学中的整体体现，发现在备课中存在的不足，找到最佳的解决办法，从而提高课堂教学效率。五年级的集体备课展示并凸显了团队的力量，这样也给其他团队很大的启示，同时这也是学校在探索以点带面、引领教师进步方面的一个大胆尝试。

为了增强备课的实效性，找到能让学生们接受、培养他们能力的最佳契合点，我们要求教师在集体备课后，对自己在原有的个人备课中存在的问题同集体备课后的解决情况进行分析，并找出相应的方法进行调整。这就是我们所说的二次备课。

二次备课有的是在集体备课后进行调整，有的是在教学前、教学后进行调整。二次备课有的是教学思路的调整，有的是教学方法的改进，并且把调整的部分体现在原教案中，或圈画，或添加。我校的年轻英语教师汤晓磊就是在这样的锤炼中成长起来的。在她的教案中不同颜色的笔标记着不同班级授课后的调整添加的内容；在教学反思中，不仅有学年集体的共性问题，还有不同班级各自的个性问题，解决的方法也都各不相同。一本教案设计在她的手中越写越厚，用她的话说这是她的无价之宝。

总之，在常规的备课过程中，我们关注了细节，一切从实效性出发，剔除花架子，扎扎实实地提高了教师的教育教学能力。

对于常年工作在教育第一线的教师们来说，最有效的培训就是案例培训。来自于实践的案例更有针对性和操作性，也更受教师们的欢迎。我们通过华山讲坛、青年沙龙、妙招一分钟等交流平台的设立，借外力，增内力，学理论，联实际，来快速提高教师的综合素质。2009 年 3 月刚开学，我们就请来了继红小学的尚颖老师，请她介绍自己是如何与学生友好相处、建立和谐的师生关系的一些好做法、好经验。尚老师从自己的亲身经历谈起，通过活灵活现的实例给教师们以启迪，原来如此平凡琐碎的班主任工作可以做得这样有滋有味、精彩纷呈。这样的实例培训易于接受，好学好用。教师们不仅学到了方法，还受到高尚师德的熏陶。在此之后，学校还通过“班主任妙招一分钟”这个交流平台，根据学校每周的工作重点，从教师们自己在班级管理中遇到的实际问题入手，组织教师从班级管理、团队合作、新班主任感悟以及与家长沟通等方面进行专题交流。因为是实际工作中的做法，不需要长篇大论，所以对教师来说既提升了自己的能力，又不会增添负担。到现在为止，在“妙招一分钟”和经验分享平台上进行过交流的班主任已经超过了 15 人次。

一年来，我校先后组织教师们感悟集体备课 2 次、读书交流 4 次、华山讲坛讲座 4 次、课程标准学习 4 次及学习后交流 2 次、课程标准考核 1 次、教师教材把握考核 2 次、英语能力测试 1 次、“创设情境能力”专题研修 1 次、师德专题培训 4 次，组织教师专题培训共计 24 次。就是在这样一次次思想碰撞中、一次次反思与研究中，教师自觉学习的意识逐步形成。现在教师们不愿错过每一次参与培训和研讨的机会。因为，错过一次，也就错过了一次成长的机会。最后，大家达成共识：只有教师的发展才能推动学校的发展。

三、开展活动，注重实际

针对我校教师参加活动机会少、自信不足、学生起点低、综合素质差的实际情况，为了更好地研究课堂教学方法，马冬立副校长先为全校师生进行主题讲座，之后我们又开展了一系列教育教学活动，拓展师生视野，培养他们阳光自信的心态。

1.“自信杯”教学大赛，让教师充满自信

第一届“自信杯”教学大赛给教师搭建了一个展示自我的大舞台。参赛教师从课前的集体备课到一遍一遍地试讲，再到课堂教学的展示，课后领导、教师们的评课，到处都能看到教师们积极参与的身影，处处体现出教师团队的智慧。整个活动共计上课25节，占一线教师的87%。其实，活动不是目的，目的在于参与；结果不是目的，目的在于过程。我们就是要通过这样一个教学活动的开展，打破僵局，鼓舞士气，激发豪情，让阳光洒满华山人的心田，让自信充满华山人的心间。

2.“青年沙龙”培养精神追求，做有品位的教师

针对我校教师的特点，我们组建青年教师沙龙，提出“提高团队学习力”的口号。我们把重点落在抓青年教师队伍建设上，组织青年教师沙龙，两周一次进行活动，先后就“计划与目标”“学习与收获”“感悟继红”“学校发展我献策”“与祖国共奋进”等话题进行了思想的碰撞、心灵的交流，这极大提高了团队学习的积极性和实效性，形成了浓厚的学习氛围。同时，我们为教师推荐并购买了包括窦桂梅、魏书生、李镇西、肖川、薛瑞萍等名师和专家的书籍共计70余本，目的是引导教师利用业余时间为头脑充电。教师自己选择读书内容，之后进行读书汇报活动，交流心得，共同受益。

学校先后组织教师进行了4次读书交流活动，参加的教师达到100余人次，全体教师分组进行读书交流。在读书交流会上，每个教师畅谈自己的读书感受、读书乐趣和读书收获，把个人认为最有启发、最受益的片段或经典案例介绍给大家，并将最触动灵感的所思、所悟进行交流与分享。教师们把读书带给自己的、带给教育教学的各种感悟，阐述得淋漓尽致，也使其他的教师受益匪浅。记得在一次交流会上，常歆老师感慨薛瑞萍的《心平气和的一年级》时，引起了在场许多教师的共鸣，几名教师先后提

出了自己的想法。会后很多教师来借读薛瑞萍的书，《心平气和的一年级》《我们二年级啦》《书声琅琅的三年级》和《破茧而出的四年级》成为教师们谈论的话题。读书带给教师的不仅是思想上的洗礼，还有行为上的转变。教师们都在努力把握每一个学习充电的机会。

一年来，学校发生了天翻地覆的变化。学校的硬件在变、在更新；领导们在变、在学习；教师们在变、在进步。尤其是青年教师，他们更是积极地变，要求更多的学习机会、更多的交流，以便有更大的空间，发展得更快、更好。大家达成的共识："不学习，无以言"，要"天天读书，终身以学习为友；事事讨论，一生以思索为伴"。

3."星光支教"，让家长和学生感受轻松快乐

我校学生多是农民工子女、学生自己平时看课外书学习的机会少等问题，大队部利用红领巾广播站在每个纪念日的早晨，对学生进行纪念日来历、意义等方面知识的讲解，以扩大学生的知识面。

同时与黑龙江省青少年发展基金会、哈尔滨工程大学共同开展了"星光支教"活动，为我校农民工子女提供帮助。活动前，我们通过问卷的形式向同学们做了学习辅导方面的调查，调查的结果是，我校80%以上的学生得不到家长的辅导；学生和家长都希望能够在学习上多得到些帮助。调查的结果，坚定了我们开展此活动的决心。因此，2008年我们正式与哈工程大学的学生志愿者开展了这项活动。之后，每周二的下午无论刮风下雨，哈工程大学的志愿者都会风雨不误来到学校，一对一地为农民工子女进行义务辅导，这受到了学生和家长的极大欢迎。受到帮助的学生在学习方面有了很大的提高，同时学生与志愿者之间也产生了浓浓的亲情，很多已经毕业的学生与帮助他的志愿者，还保持着联系。现在，我们正在筹备开展"星光支教到家庭"的活动，延伸到学生的家庭，带去更及时的辅导帮助。

4. 阳光体育，让学生和家长的心灵充满阳光

今年4月，我校开展了为期8个月的阳光体育活动。除了校运动会、跳绳比赛、队列广播操比赛、课间游戏大赛外，为了消除学生和家长之间平时交流中存在的障碍，学校还特别举办了亲子运动会。利用亲子运动会这个有利契机，让学生和家长在参与春种秋收、搭桥过河、夹球接力等游戏项目的过程中，亲密接触，相互配合，增进理解。除此之外，二年级的学生和家长在教师的带领下，专程到哈尔滨市少儿活动中心参观科普展览、观看星空图，并一起做游戏。在活动中，教师们为每个学生和家长拍照留念，让他们充分感受到幸福和快乐。9月1日，新生报到的第一天，学校考虑到一年级学生年龄小、家长不放心这一实际情况，把这一天设为家长开放日。教师带领家长和学生共同熟悉校园环境，向他们介绍学生将要接受的学习任务，使家长了解学生在校的日常生活等等。这次活动受到了家长们的一致好评。《黑龙江日报》和《生活报》分别对我校的这种做法进行了报道。

我们认为，关注身体健康、陶冶审美情趣是一种意识，更是一种习惯。我们正是在给教师、学生和家长一种健康意识的引领，一种锻炼习惯的培养，一种合作技能的形成，给学生们尽可能多地创造体验场，提供健康成长的条件，创设主动发展的空间。这是教育者义不容辞的责任。

四、未来工作，注重实效

（1）制定《工作绩效量化考核制度》，扎实推进制度管理。

（2）通过集体备课研讨活动，探索适合我校的集体备课模式。

（3）通过案例研究，提高班主任的沟通与协调能力，密切家校联系。

（4）搭建华山讲坛，成就自信、阳光的骨干教师。

（5）以首届读书节为载体，培养学生潜心阅读的习惯，达到修身养性的目的。

（6）完成全部楼层文化建设，发挥环境育人功能。

一年的时间转瞬即逝，与教师们朝夕相处的每一天仍历历在目，酸甜苦辣，我们共同尝过；艰辛坎坷，我们一起走过。因为有了他们，我感受到了温暖，学会了坚强，拥有了力量。未来的日子，让我校全体教师用魏书生老师的一段话共勉："我们要用平平常常的心态，高高兴兴的情绪，快节奏、高效率的态度多做平平凡凡、实实在在的事情。学会把平凡、实在的事情做得有滋有味、有声有色、如诗如画、如舞如歌。"

细节决定成败

——华山校长述职

2010 年 12 月

尊敬的各位领导、老师：

大家好！

又是一年转瞬即逝，走进华山小学两年，我已将自己完全融入这个大家庭中。在这里我时时刻刻感受着上级领导对我校的关爱和帮助，感受着同事们对我的信任与支持，是大家的共同努力使学校和学生一点一点地发生了变化，使我们一点一点感受着教育带给我们的自信与快乐。在此，我衷心地感谢大家。

今天我述职的题目是“细节决定成败”。《细节决定成败》是一本畅销的管理类图书，它之所以受到读者们的欢迎，是因为它关注了人们平常最容易忽视的细节，让人们认识到了细节的关键作用。“海不择细流，故能成其大；山不拒细壤，方能就其高。”是的，小事成就大事，细节决定成败。

一、管理落实细节

在去年强化管理制度求实用的基础上，今年我们以《常规教学管理制度》为突破点，关注管理的细节落实。结合《常规教学管理制度》，我校实施领导日巡查制、月检查制和月测试制，从课堂常规、备课、听课、测试、质量分析等诸多细节进行落实。

日巡查制。每天有一名领导值周，负责楼内巡视，督促检查教师的上下课情况，并且有翔实的记录，做到发现问题及时提示、督促改正。每周学校都进行详细的汇总，并且把汇总的情况及时反馈给教师，目的是使全体教师在《常规教学管理制度》的约束下严格要求自己，上好每一节课，以提高教学质量。

月检查制。每月末都进行常规工作检查，领导集中检查 2 次，负责学年的领导检查 3 次。从教案的书写到班级的作业批改，领导们都认真检查，翔实记录，及时反馈。

月测试制。每月一次，学校统一时间、统一内容对学生的学习成绩进行相应的评价。测试结束后，教师们认真按评卷标准阅卷，完成学生成绩等级、质量分析工作。目的是准确把握学生存在的问题，重在寻找主要问题及解决问题的方法。质量分析以先班级再学年最后学校这样的程序来进行。在过程中，把班级平均分、及格率、优秀率、每一板块的正确率以数据的形式呈现出来，从教师和学生两方面客观地分析问题产生的原因，明确解决问题的方法。每月测试后，主管领导要就本学年的整体情况进行全面的质量分析。同时我们还对每个班的成绩进行了纵向的跟踪对比，帮助教师以研究的态度面对自己的工作。通过对教师填写的《学生考试成绩登记表》《学年成绩统计表》《教学质量分析表》中的数据分析，让教师感受到关注细节的价值，再现真实的力量。

把每一件平凡的小事做好就是不平凡。怎样叫作好呢？就是做精，做细，做透，一点一滴，追求极致，追求完美。这也是华山人要追求的精神内涵。

二、教学目标细化

教学是学校的中心工作，教学质量是学校生存和发展的生命线，而备课和课堂教学是保证教学质量的两个关键环节，我们以此为切入点，细化每个环节的过程设计以达成目标，切实提高教学效率。

1. 备课抓好三个环节：通读教材，了解目标；个人备课，拟定目标；集体备课，统一目标

通读教材，了解目标。开学初，我们组织教师通读了课标和教材，把

教学目标分为学年目标、学段目标、单元目标、课时目标和教学活动目标，在全校范围内进行课标和教材的测试，让教师做到心中有数。

个人备课，拟定目标。我们认为，教师要认真地去领悟教材要达到的目标。因为每一个单元有一个大的教学目标，而每一节又有一个具体的目标。在教师进行教学前，首要任务是自我拟定教学目标，再把每个目标具体细化到教学环节中。

集体备课，统一目标。在个人备课的基础上进行集体备课，集体备课的重点是研究个人备课时教学目标的准确性，统一并细化教学目标后，再集体研究教学方法和教学环节。

2. 教学上好四种课：常态课、推门课、跟踪课、研究课

常态课关注教学目标的达成度。在课堂教学中我们主要是关注教师的教学目标达成情况。通过听课，我们明显感觉到教师们都能围绕本节课的教学目标设计各个教学环节。就连我们的老教师都能够改变以往的教学模式，以教学目标的落实为重点来实施教学。

推门课注重了解学生学习常态。我们进行有效的监督、监控、检查与指导，提高教师课堂教学效率，提升学生学习能力。我们听课时不仅看教师教学，还看学生的学习状态和习惯养成。课后与教师们共同研究学生学习中的困难以及解决困难的方法，大家在相互交流中共同提高。

跟踪课重在培养青年教师。我们把我校自我发展意识较强的青年教师作为重点跟踪对象。课后我们与青年教师们共同探讨教学方法，帮助他们解决教学中的问题，提出改进的建议。伴随着跟踪听课，一批年轻教师迅速成长起来。我校的李木子教师还在省“龙心杯”教学大赛中荣获了第一名的好成绩。

研究课是针对教学重难点，研究教学中的问题。为了多层面地提高教师的专业素质，我校在 4 月开展了第二届“自信杯”教学大赛。本届“自信杯”共计上课 24 节。针对“教学目标细化”，进行教学设计，课后反思，

从不同学科、不同课型共同研究这个问题，丰富实践经验，形成系统认识。在9月开展了骨干教师开放周活动，活动中我们开放了4节课。姜丽玲老师在培养学生自信心的同时，展示了学生利用多种识字方法进行自主识字的学习成果；张革老师则在培养学生分析概括能力的基础上，通过师生共同完成的脉络清晰的板书来诠释课文内容，给大家留下了深刻印象；胡秋艳老师创设师生与家长互动场景，邀请家长一起表演，以至于家长回家做饭时都在无意识地哼唱歌曲；马艳如老师与学生一起载歌载舞，激励学生展示自己的特长，还邀请家长一起参加，受到学生们的欢迎，也使家长认识到课堂可以这样欢乐、学习可以这样轻松有趣。骨干教师的引领不仅让全校教师有了学习的榜样，也让家长了解了课改和课堂，认同学校的办学目标，从而信任学校、支持学校。

总之，在常规的备课和上课过程中，我们关注了细节，细化了目标，一切从实效性出发，剔除花架子，扎扎实实地提高了教师的教育教学能力。

三、活动追求精细

“自信阳光”是华山小学文化的核心，为此我们开发了以“以诵导行，做自信、阳光的华山人”为主题的校本课程，进行每年一届的“华山自信杯”教学大赛，举办“我爱教师这一行”师德演讲，开展“校园体育节”活动，评选“我最喜爱的华山教师”活动，进行每周一次的“妙招一分钟”的经验分享活动。通过一系列的活动，教师们逐渐追求精细、提高效率。

培训讲座，突出实用。为了切实提升教师的业务素质，我们聘请了进修学校的李波老师来我校进行专题讲座。李老师从青蛙的故事入手，提示我们用力做只能做到合格，专心做才能做到优秀。为了解决我校班主任的一些困惑，我们又聘请了延兴小学的魏桂玲老师来我校讲座。魏老师一次又一次的家访经历，一直坚持与家长沟通的韧劲，令大家动容，也使我们对与家长打交道的方法与策略有了更加深入的了解与认识。

为了提升教师的能力与素质，每月我们领导班子成员都会为全体教师进行一次讲座。马冬立副校长的《关于教学目标的分解与细化》为全体教师的备课、教学提供了优质的资源与经验；在蒋琳副校长精心准备的体验活动中，我们深感沟通、协调能力的重要。我们的每一位领导，根据自己主管工作的经验，一年来进行了7次讲座，使教师们的成长缩短了时间、加大了步伐。同时我们充分利用骨干教师这一优质资源，组织骨干教师为大家介绍经验。在学校经费不宽裕的情况下，我们又派出4位骨干教师到长春学习，回来后，她们与其他教师进行分享，既培养了骨干教师的能力，又使全体教师拓宽了视野。

交流分享，源于实际。为了指导和帮助教师们尽快提升育人能力，树立起职业自信心，我校通过“妙招一分钟”主题交流活动，把“走出去，请进来，看身边，想自己”有机地结合起来。首先，我们带领教师到继红小学，和继红小学的教师们面对面进行交流，学习她们细致、科学的教育方法；其次，把进修学校的教研员请进学校，和教师们共同探讨怎样把学生们培养成为适应社会需要的自信快乐的人；最后，组织本校教师从自己的工作实际出发，把班级管理和教育教学中的好经验与大家分享活动，如刘丽老师的班级管理分解细化，魏聪颖老师的怎样与家长沟通交流，李愫老师的如何与“小淘气”做朋友等等。这些来自于身边的事例更容易被教师接受，给教师们在操作层面以启迪。

在“妙招一分钟”主题交流活动中，教师们不仅收获了方法，还加深了对教育的理解。每一个站在平台上进行发言的人，在与同伴分享的同时，也增强了信心，增加了对教育工作的热情。华山小学的教师队伍正在闪耀着自信的光芒。

一年来，我校先后组织教师们集体备课展示3次、读书交流1次、专家和名师讲座2次、华山讲坛讲座7次、“妙招一分钟”交流5次、经验分享6次、教师教材把握考核2次、专题研修1次、师德专题培训1次、体验活动4次，组织教师专题培训达20余次。就是在这样一次次思想碰撞中，在一次又一次的反思与研究中，教师自觉学习的意识逐步形成。最后大家达成共识：只有教师的发展，才能推进学校的发展。

学生活动，体现快乐。教师的快乐最终要体现在学生们的脸上，印在家长们的心里。另外，体育教师无论严寒还是酷暑，都带领训练队严格训练，最终五年二班刘子龙同学和张玉峰同学代表南岗区参加市中小学生运动会，并获得了 200 米第一名的好成绩。这两名学生在小学升初中时分别被 69 中和风华中学录取。

家校联动，关注需求。把家长的力量调动起来，形成家校教育的合力，是我们本学期要加大力度做的事。把家长和学校作为家校联动的重要平台，怎样赢得家长对学校工作的理解和支持呢？作为学校，首先要了解家长的需求。9 月 1 日是一年级新生入学的第一天，以往都是家长参加完欢迎仪式后一走学生就哭闹不停，而家长也在校门前张望，不放心离开。考虑到这种情况，今年我们在欢迎仪式结束后组织家长和学生共同参观学校，熟悉校园和班级环境。之后，根据家长的需要，蒋琳副校长进行了《如何指导学生尽快适应学校生活》的专题讲座，在第一时间给家长以指导，受到家长的欢迎。

一年的工作即将结束，看着师生一天天的变化，在欣慰的同时也留下了一些缺憾。令人感到遗憾的是教师对改进课堂教学方法的研究还不够深入，读书学习还没有形成习惯；年轻教师的教学基本功还有待于进一步提高。弥补以上的缺憾将是我们下一步工作努力的方向。

又是一年春将至，往事仍然在眼前。还记得教学大赛上，稚嫩的青年教师一步步走向成熟；暴风雪中，所有的任课教师无言地冲进校园为学生清扫积雪；开放课后，家长们虽未全懂，但仍发自肺腑地感谢；亲子运动会上，学生、教师、家长团结一心、倾情投入的动人画面……一切的一切，都让我真真切切地体会到了华山大家庭的温暖，以及做华山人的幸福。

亲爱的老师，你们是给予我快乐的源泉。我愿与你们一起，共担风雨，共享收获，共创华山美好的明天！

幸福着你的幸福

——奋斗校长述职

2012年1月

在走进奋斗小学近一年的时间里，看着教师们热情而幸福的面庞，看着学生们活泼而灿烂的笑脸，我的耳边时常会萦绕这句话——幸福着你的幸福。我也常常在思索，怎样让教师们因我的到来而更加幸福呢？怎样让学生们因教师的幸福而多一分快乐呢？所以，今天我述职的题目是“幸福着你的幸福”。

一、树立正确的幸福观，构建幸福文化

幸福是创造力得到实现、人生价值得到肯定后产生的满足。对于幸福，永远没有一个统一的界定，相同的生活境遇，有的人倍感幸福，充满感恩；而有的人深感痛苦，充满沮丧。幸福感和幸福观取决于人的价值观、心境和心态。幸福是人生的主题，只有感到幸福的人，其人生才是快乐和阳光的。对于教师来说，是否能够时时处处都感到幸福是很重要的，因为这不仅仅影响着他的人生是否快乐，更影响着学生。只有教师幸福，学生才会感到幸福。

1. 统一思想，提高认识，努力打造具有“奋斗”特色的校园幸福文化

对于教师来说，是否能够时时处处都感受到职业幸福，既取决于豁达的生活态度、自觉高雅的生活情趣，更重要的是要拥有领导的肯定和支持、和谐的人际关系、人性化的工作环境、良性的人才成长机制等。

基于对以上认识的理解，多年来，我校始终坚持“以人为本、实施幸福教育观”的办学理念和“美好的未来从奋斗开始，让每个奋斗人都走向幸福”的办学宗旨，全面落实“十二五”教育发展规划，大力弘扬和发展“奋斗”精神，丰富内容，注重实效，积极引导和带领全体教师树立正确的幸福观，努力提高校园幸福指数，增强全体教师对学校工作的理解和支持力度，以校园幸福建设带动和促进教育教学工作有效开展，并取得了显著成效。近年来，我校先后荣获市教育系统先进集体、市政务公开先进学校等荣誉称号。

2. 问卷访谈，群策群力，校领导与全体教师共谋校园幸福文化建设良策

教师的幸福不仅关系到教师本人的职业幸福，也关系到学校的长远发展。为了摸清全体教师的想法，更好地推进学校教育教学工作，我校在全校教师中开展了教师幸福指数问卷调查。这次调查主要包括三项内容：一是在学校里哪些事情可以让大家感到幸福；二是在学校里哪些事影响了大家的幸福感；三是怎样才能提高大家的幸福指数。校领导班子根据问卷调查结果，在充分掌握全体教师当前思想动态并进行认真分析研究的基础上，深入到班主任团队、科任团队和后勤团队进行座谈，针对当前存在的问题和工作中遇到的困难，与教师们共同谋划校园幸福文化建设的思路和举措。在和谐民主的氛围中，校领导班子诚恳倾听，广大教师畅所欲言，在解决问题上达成了共识，在谋划工作思路上实现了步调一致。大家一致认为“教师是构建和谐校园的主体，没有教工个体的和谐，就没有校园整体的和谐”。打造良好的校园幸福文化，除了要不断加大教育教学“硬件”投入，更为重要的是要创建一个能够满足教师职业需求和个人专业成长的“软环境”，也就是我们所说的校园幸福文化建设。在今后的工作中，校领导班子要更加关心教师的精神需求，更加关心教师专业素养的提升，更加关心教师职业精神的养成，为每一位教师提供一个公正的、充满人性化的成长环境，让每个教师都有成功的体验和幸福的体会。

3. 全力推进，和谐发展，共同打造具有“奋斗”特色的校园幸福文化

校领导班子积极发挥表率作用。学校领导以身作则，率先垂范，用自己的人格魅力去感染教师、关心教师，营造和谐的教育环境，体现人文关怀。领导要尊重和信任教师，以一种包容、宽广的胸怀对待每一位教师，充分调动教工的积极性和主动性，最大限度地发挥教师的聪明才智，共同推进学校和谐发展；领导要理解和关注教师需求，用真挚的感情留住人心，用人文关怀温暖人心，用坦诚相待交换人心，努力营造理解与尊重、支持与合作的和谐氛围，使所有教师都能在信任和关爱中体验幸福，形成团结和谐、共促发展的良好氛围。在学习培训上支持教师，努力满足教师再学习、再提高的需求。学校每学年都有教师被派往外地听课、学习、培训。在生活上，尽力帮助他们。凡有教师及家属生病住院或有困难的，校领导都亲自上门慰问；每逢教师节，校领导都会亲切慰问教师，为每一位教师献上一束鲜花，说上一句“辛苦了”。这些人性化的举措激励了每一位教师，激发了教师们的积极性和创造性。为了学校的发展，教师们心往一处想、劲儿往一处使，使学校工作不断跨越新的台阶。

校领导班子积极为教师营造宽松的工作氛围。宽松的工作氛围与学校的管理水平直接相关。轻松、愉悦的工作环境是教师们快乐工作、快乐学习、快乐生活的外在保障。要想使教师持续发展，学校还要努力为他们创设一个丰富自我、提高自我、实现自我价值的平台。为此，学校领导在日常工作中，加强对教师的教育和引导，关心教师的成长，借助教代会、妇女节、教师节等会议和节日专题讲座的契机，不断提升教师的思想素质与道德水平。学校高度关注教师的身心健康，积极组织一年一次的健康体检，使教师的幸福指数得到进一步提升；为教师集体过生日；每逢节日，校领导还给教师们准备小礼物；天冷时为教师们送去保暖的棉裤。礼物虽小，但不失情义，让教师有了家的感觉，这样更利于校领导与教师互相沟通和联络感情，有利于学校的和谐发展。

二、公平、公正、公开的激励机制是保证幸福的制度基础

时下，为了把学校做强、做大、做优，不少校长大多把希望寄托在建造豪华的“标志性”大楼和购置先进设备上。曾看过一篇《没有大爱，何来大学》的文章，它一针见血地指出了许多学校只热衷建楼而忽视了对师生的人性化关爱。学校管理必须把以人为本的理念贯穿于工作的始终，只有努力激活人才资源，营造良好的用人环境，才能真正做到人尽其才、才尽其用、用当其时。有公平、公正、公开的人才激励机制，才能让教师赢得踏实放心、输得心悦诚服，学校的人际关系才能和谐幸福。

作为校长要想使学校有所发展、有所超越，仅靠个人的能力和智慧是远远不够的，重要的是组建一支正直、团结、有作为的团队。但是领导任免历来是一个比较复杂的事情，会牵涉到很多人，加之我又是初到奋斗校，如何组建一支新的领导梯队成了当时面临的一个难题。

通常学校中层领导的选拔都是任命制，不走群众路线，领导说了算。这样做虽然可以找来“成手”迅速开展工作，但是这种任命没有竞争，缺少压力、动力和活力。经过我们几位党政领导的认真讨论和慎重考虑，决定我校本次中层领导的选拔采用竞聘制。目的在于通过这样的过程形成领导选拔、监督、考核、流动的新机制，营造公平、公正、公开的竞争氛围，让那些群众基础好、知识水平高、工作能力强、有创新精神的人才脱颖而出。在统一思想、达成共识的基础上，我们在 2011 年 8 月末正式启动了这项工作。

经过“自荐——竞聘——评议——审核——认定”的程序，两名教师在 5 位参加竞聘的教师中脱颖而出，走上了中层管理岗位。他们富有激情，勇于创新，踏实工作，大大提高了学校管理的执行力。全面推行中层领导竞聘制，激活了我校的人力资源，打破了论资排辈的现象，给更多的年轻教师一个平等竞争、发挥才能的机会，这是我校管理机制中一次有益的尝试。

后来，针对部分青年教师有积极发展的愿望这一情况，为了构建一支年龄合理、素质较高的教师团队，我校又把停滞几年的高级职称评聘工作重新启动。一方面为青年教师创设展示才华的舞台，另一方面进行人才储备，目的在于使学校的教师队伍整体得到发展。教师们在参与竞聘的活动中增强了自信，得到了展现自我的机会。

三、扎扎实实开展教育教学活动是体验幸福的凝聚力

奋斗小学是一个大家庭，扎实开展教育教学活动是教师们感受幸福、凝聚幸福的载体。

骨干教师在专业发展中感受幸福。通过需求问卷调查，了解骨干教师团队的发展需求，并将调查情况进行梳理，有针对性地开展了活动。在市级骨干教师中开展“三个一”活动，即：写一篇“十二五”个人发展规划，做一次教材解析，上一次邀请课。我们认为教材解析是教师备课中一项重要的工作，是进行教学设计、编写教案、制订教学计划的基础，也是备好课、上好课和达到预期的教学目的的前提和关键，对顺利完成教学任务具有十分重要的意义。教材解析和教法研究的过程，既是教学工作的重要内容，又是进行教学研究的一种主要方法，这是能够充分体现教师教学能力和创造性的过程。所以，教材解析的过程，就是教师不断提高业务素质和加深对教育理论理解的过程，对提高教学质量具有十分重要的意义。我校从市级骨干教师开始进行教材解析，既提高了骨干教师自身的业务素质，又为其他教师的教材解析进行了专业引领。

9位市级骨干教师来自不同的学科，他们以“阳光讲坛”为平台，分别从不同的角度谈到自己对本学科教材的理解和把握。讲坛上留下了他们在专业领域中不断探索的身影。他们用新颖的方式、幽默的语言、真诚的态度赢得了全校教师的称赞。语文学科的秦俭老师谈到“横向把握整体、纵向把握联系、横纵交叉把握重点”，并就《“凤辣子”初见林黛玉》一课进行了详细的解析；音乐老师戚迎春在解析人教版小学音乐教材第十册第三单元《幻想》时，让大家欣赏了《宝莲灯》中的熟悉旋律，并领大家唱起了意境优美的《小白船》；富静老师则发给大家实验器材，引领大家亲历科学的试验、探索、猜测、验证的过程；而体育老师郝刚，则从少年武术操演变出了女子防身术……深入浅出的讲解，既让教师们对各学科的鲜明特点有了深入的了解，又加强了工作与生活的联系，激发了教师们学习的积极性，达到了良好的学习效果。

这样的活动促使市级骨干教师更新教育理念、开阔教育视野、改进教学方法，在学校发展过程中，发挥带头辐射作用，感受发展带来的幸福。

班主任团队在教研活动中感受幸福。教师的成长离不开同事之间的专业切磋、协调和合作、共同分享经验、互相学习、彼此支持。作为我校班主任教师团队中的成员，他们都能将学到的新教育教学理念与在教研团队中的每一位教师进行相互交流，把研、讲、评一体化教学和自己的课堂有机结合起来。虽然我校班主任教师团队年龄、层次不一样，但是同事之间非常团结、和睦。每一次，团队都是在轻松、愉快的氛围下来研究教材和教参的重难点、探讨教育教研的方向、探究课堂教学的艺术、处理学生的疑难问题，年轻教师虚心地向老教师学习，老教师则毫无保留地传授给年轻教师经验。本学期，结合我校基于问题研究“精心设计习题，提高课堂实效”的课题，在统一了“要体现我校的幸福教育的办学理念就是要提高课堂教学质量，必须向四十分钟要质量”的认识后，我们坚持以课堂关注为突破口，把以教研组为单位互相听评课作为基本教研形式，针对计算教学典型课例，研讨了计算课的基本教学模式。

从备课入手预设计算教学模式。我们本着从满足教师的需要出发，以让教师去当主角、让教师感受和体验成功的快乐、让教师感受到学校充分的信任、让教师有充分的学习机会和展现自我的舞台为原则开展了这次活动。主抓教学的领导及五年级教研组首先参与研究，大家通过集体备课，规划出教学资源中有效资源的指向，再根据规划对各种资源进行搜集、甄别、筛选和分类，初步预设了计算教学课堂模式。

在“磨课”中初步形成计算教学模式。从方案的设计、教案的拟定，到模式的提炼、一次次试教后的研讨，都汇聚了教师们的群体智慧。活动中，教师们知无不言，群策群力，更显示出群体的力量和团队互助的意识。这样的“磨课”活动，不再是个体的展示，而是群体的研究行为，突出了教师的合作与互助。尤其在“磨课”过程中，学校领导、数学老教师、骨干教师的悉心指导，使授课教师在一次次的“磨课”中逐渐成长；团队教师也在参与过程中，汲取了许多经验和方法。在这样反复“磨课”中，教师之间的真诚交流、互助合作，使适合我校学生学情的计算教学模式初露端倪。

在实践中论证计算教学模式。计算教学模式初步形成后，以点带面形成辐射，把初步形成的计算教学模式在全校各年级计算教学中进行反复实践和论证。其他教研组的教师们也延续五年级教师的教研形式开展了有效的计算教学模式的论证活动，在课堂中找到优点及不足后反复优化和修改。同时学校通过随堂抽测、计算能力单项测试等方式来跟踪验证课堂教学的效果。

我们还研究了语文第一课时、古诗教学等教学模式。

一分耕耘，一分收获。工作中虽苦乐相伴，但我们本着“勤学、善思、实干”的原则，一如既往，再接再厉，使研、讲、评一体化团队教研真正地服务于课堂！作为我校打造幸福课堂教学的一种形式，我们将不断在研究状态下实践工作的理念，逐步使我们的课堂生动精彩，更加适合学生的发展。

这样的活动转变了我们教师的教学思想，使我校师生共同体验幸福教育的同时也为课堂带来了新的活力。

全员参与，在首届“幸福杯”教学大赛中感受幸福。全校共有 44 名教师参与活动，在这 44 节课的课堂教学中，教师们都能够熟练运用各种教学手段，较准确地理解和把握教材，能关注学生，关注知识的形成过程。民主、和谐、其乐融融的课堂教学比比皆是。通过首届“幸福杯”的赛课活动，检验了教师是否把课堂教学真正地变成幸福课堂。

四、多姿多彩的德育活动是感受幸福的源泉

我们认为，让学生在学校里得到幸福的感受、体验到成功的快乐，是学生主动学习的前提。所以，幸福地生活、快乐地成长是奋斗小学德育教育的主基调。为了让学生在学校快乐地度过每一天，我们把德育教育的细节贯穿于学校生活的点点滴滴。

1. 踏着温馨的音乐，舒畅走进校园

熟悉的校园歌曲，经典的美文播送，每天清晨7:00，奋斗小学的校园广播就开始向学生们传递快乐的音符。时间虽不长，但是每天坚持，从学生们早晨踏进学校的第一步开始，就把幸福送给学生们，为学生们提供精神和文化的给养，让学生们天天生活在幸福之中，让幸福天天溢满校园。

2. 聆听“晨光播报”，幸福溢满心田

本学期，在巩固达标班、示范班评价实施基础上，我们加大行为规范无监管班力度，基本实现学生自我管理。为实现有价值、有奋斗特色的养成教育的目标，“晨光播报”活动在本学期孕育而生。我们意在通过一种轻松的形式，把学生们前一天的良好行为，利用“晨光播报”的形式传递给全校师生，把这种认可变成一种激励，并内化为学生的一种需要。每天早晨，学生们在操场上迎着朝阳热切地盼望着能在“晨光播报”中听到自己班级的名字。每每听到自己班级榜上有名时，必然会有兴奋的欢呼声。没有得到表扬的班级则找不足，争取第二天能荣登光荣榜。就这样，学生们学会了互学互助，懂得了信任与尊重。在我校，有礼貌、讲文明、尊敬师长已经成为学生的一种习惯。

3. 舞动优美的舞姿，感受轻松愉悦

对于在校学生阳光体育一小时的活动，除了上下午为学生安排内容丰富的课间操活动以外，我校还在每天“晨光播报”后，组织学生进行跳舞活动。每天清晨，学生们把书包放在空地上，随着音乐翩翩起舞，欢乐祥和的气氛不言而喻，轻松愉悦的心情油然而生。

4. 独特的问候方式，拉近师生之间的感情

幸福是一种感觉，一种心态。很多时候，幸福的感觉跟地位、财富，甚至跟知识、学养都没有必然的关联。

每天跳舞结束后，学生们排队进教室时，就是教师与学生第一次交流的幸福时刻。没有约定俗成的问候话语，没有常规的敬礼与鞠躬，在奋斗小学打招呼的方式既简单又亲切，即“用眼睛说话，用笑容问候，摆摆手打招呼”。用这种无声的方式，把师生之间的感情联系起来，学生们收获的是教师们亲切的目光，教师们获得的是学生们灿烂的笑脸，大家带着愉快的心情开始了一天幸福的学习和生活。

5. 加强体育锻炼，创设幸福发展空间

今年 4 月，为了丰富学生们的在校生活，锻炼学生们的体质，增进学生与家长之间的亲子关系，增强班级集体的凝聚力，做到家校共育，我校召开了首届亲子运动会。利用这个契机，学生和家长在参与春种秋收、搭桥过河、车轮滚滚、夹球接力等游戏项目的过程中，亲密接触，相互配合，增进理解。另外，我校体育教师无论严寒还是酷暑都带领训练队严格训练，最终，在区运动会上获得了乙组第一名的好成绩。每一个荣誉都浸润着汗水，每一张奖状都谱写着奉献。奋斗的体育教师和运动员们正在创造着奋斗小学辉煌的历史，正在用累累硕果告诉我们，幸福的明天，要从奋斗开始。

6. 感受艺术熏陶

2011 年 9 月 19 日，我们的“幸福的歌献给党”艺术节系列活动拉开

了帷幕。这是艺术教育的大学堂，更是全校师生共同的节日。艺术节期间，校园内处处闻欢歌，步步溢墨香，到处都是快乐的音符。为了在文艺表演中有好的表现，各班师生积极参与，各展所长。无论是放学后，还是双休日，总能看到学生们排练节目的身影，总能听到教师们悉心指导的声音。学校的欢乐气氛和教师们为了学生所付出的努力深深地感染了家长们，他们也参与到活动中来。有帮忙请专家来指导节目的；有东奔西走为学生们解决演出服装问题的；还有主动承担后勤保障工作，为学生们买水送饭的……

在全体奋斗人共同的热切期盼下，艺术节文艺表演活动终于在 9 月 30 日拉开了大幕，全校 21 个班级的学生都展现了自己的风采，每一个节目几乎都是全班参与。学生们既是演员，又是观众，台上台下密切互动，整个会场激情四溢。当四年四班的舞蹈《快乐的小蚂蚁》出场时，观众席上的小沙锤随着节奏也舞动起来；当《西班牙斗牛舞》的音乐响起时，全场师生都不由自主地跟着热情奔放的节拍拍起手来……在这个时候，我们该如何来表达自己的感受呢？最合适不过的词语就是“幸福”。

前几天，我校再一次结合幸福观的话题进行了问卷调查，在“怎样做才能提高你的幸福指数”一题中，77%的教师关注的是精神层面的改善，即丰富的精神生活、和谐的同事关系、健康的身心、集体活动的良好氛围等，这既让我们看到了一年来学校在引领教师正确理解幸福真谛的明显变化，也让我们对未来形成奋斗特色的幸福文化充满期待。我愿和全体教师一起奋斗，共创我们的幸福家园。

教师的一生不一定要干成什么惊天动地的大事，但他应当如百合，展开是一朵花，凝聚是一枚果；他应当如星辰，远望像一盏灯，近看是一团火。当意识到生命的蜡烛在“照亮”学生的同时，也应“照亮”我们自己时，我们就应该全身心投入到自我发展、自我完善的境界中去，去寻求生命的意义、乐趣和工作的幸福。

大处着眼，小处入手，建构让奋斗师生幸福成长的好学校

2011 年 12 月

一年的时光，在奋斗和收获中转瞬即逝，虽时间短暂，但在我的记忆里又深深地刻下了一抹印记。回首在奋斗小学这 300 多天的日子里，一幅幅温馨的画面、一节节精彩的课堂、一幕幕亮丽整洁的景象，都深深地印在了我的脑海里。是奋斗校待人的朴实善良、开放包容让我在最短的时间里融入这个集体中；是领导班子的努力拼搏、求真务实的工作作风，促使我更加热爱这所学校，热爱这个大家庭里的每一位成员。随着工作的一天天深入，我被局领导的大力支持所感动，被领导班子成员的真诚合作所感动，更被每一位教师的努力工作所感动。这一切让我心存感激，我知道，唯有用自己的全部热情和努力工作才能回报奋斗小学所给予我的一切。

2011 年是又一轮五年规划的起始年，随着教育改革的深入发展，我们越来越清醒地认识到，要办好一所学校就必须有正确的办学思想，紧跟时代步伐，树立起新的教育教学观念。学校教育是培养人的教育，归根结底是要让学生喜欢、家长满意、社会需要。新时期的学校就是让学生在学校里能感受到真正的快乐和幸福；教师在学校里工作时心情愉悦、舒畅；家长从心里满意。所以我校把贯彻落实《国家教育发展纲要》的基本精神作为重点，以省市区教育发展规划为引领，以“让每个奋斗人都走向幸福”为导向，以促进师生幸福成长为目标，以教材教法的研究为载体，全面提

升教师的专业化水平，最大限度地调动学生内在动力，充分发挥学生的主观能动性，全面提高学生的综合素质，努力把学校建设成为学生喜欢、家长满意、教师向往的幸福乐园。因此，今天我述职的题目是“大处着眼，小处入手，建构让奋斗师生幸福成长的好学校”。

一、强化教师队伍建设，让教师成为学生幸福的源泉

学校的发展应以提升所有人的“生命质量”为目的，“生命质量”包含着发展与幸福。因此，学校要成为满足教师发展需要的精神家园，让每一位教师在自我成长、发展的过程中，体验快乐，享受幸福。教师的发展是学校发展的基础，是教育改革的原动力，我校把教师队伍的建设作为工作的重中之重。

1. 开展师德建设工程，激发教师的职业热情

坚持把师德建设放在学校工作的首位，以“妙招五分钟”“阳光讲坛”活动为载体引导教师做充满爱心、品格优秀、师德高尚、行为示范、坚守职业追求的教育工作者，激发教师的职业热情，并建立师德档案，签订师德责任状，通过“爱在奋斗”三八之星的评选活动，继续树立教师中的先进榜样，发挥先进教师的榜样作用，不断提高师德的整体水平。

2. 开展领导班子建设工程，发挥领导的引领作用

“其身正，不令而行。”学校领导就是教师效仿的楷模，是教职员工实践的榜样。领导班子成员要“觉悟高、作风正、业务精、团结紧”，每个领导要事事想在前、件件做在前、荣誉让在前、困难担在前。要引领集体备课，经常深入班级听课、评课，不断提高教学指导能力；针对教学中存在的问题做专题讲座，帮助教师解决疑难和困惑，做好教师专业发展的引路人。

3. 开展名师培养工程，带动教师队伍整体提升

加强名师工程建设，培养教师队伍的“领头雁”，开展名师培养工程，是我校“十二五”规划重要组成部分。本年度，学校不仅为名师的成长“引

路子、搭台子、压担子”，还充分发挥名师的引领、辐射作用，组织骨干教师开展“三个一”活动，即带一个徒弟，组织一次教研活动，做一节公开示范课。通过骨干教师带一个徒弟，扎实开展师徒帮扶活动，切实起到骨干教师的引领和带头作用；组织一次教研活动，以点带面辐射其他学科及教师，为我校青年教师发展做出贡献； 做一节公开示范课，通过课堂教学，展示对学科教材的把握和对幸福教育观的诠释，力求以活动带动教师队伍整体提升。在学校发展中我们成就每一位中青年教师，让他们在发展中找到教育的幸福感。

4. 开展团队建设工程，促进教师互助共进

教师在团队中传播实践智慧与阳光思想，研磨学习与提高，通过积淀内涵、厚植文化根基，促进教师整体素质的提高。为此，我们实施了团队共进计划。各团队将通过主题研讨、教材梳理、课堂教学展示等形式进行成果汇报，建立“团队共进”理念下的考核机制，倡导团队共同进步与成长。

二、深化课堂教学改革，让课堂成为师生幸福的基地

幸福教育只在教师幸福的教学实践中才能得以实现，教师良好的专业技能和优良的教学水平会让师生在轻松高效的学习生活中共同感受到教育过程的幸福。因此，学校把深化课堂教学改革作为“十二五”伊始的重点工作来抓，使教师能够感受到工作中的创造、尊重与学习所带来的职业幸福感。

1. 加强备课管理，提高教师教材的驾驭能力

首先，利用学期开学前的备课时间，学校领导组织全体任课教师对全册教材进行梳理，对本学期的教学内容、教学重点、教学难点等做到了然于胸。通过教材验收、业务考核等方式对全册教材的梳理情况进行检查反馈，使每位教师都能做到总揽全局、有的放矢。接着，我们还进行了深受教师好评的具有实用价值的跨学年、跨学科的整合备课，以此促进教师对教材横向、纵向的深入理解和把握。另外，采取二次备课模式，对教学思

路进行调整及对教学方法进行改进，并且把调整和改进的部分用不同颜色的笔标记出来，把添加的内容、解决的措施体现在原教案集备补充中，真正起到落实教学中的疑难点的作用。

2. 积极探究教学流程，提高教师教学实施能力

学科典型课的教学流程代表着教学的一般规律。教师掌握了典型课的流程，就具备了上好课的基础。本年度我们针对数学课中的计算教学典型课的一般流程和语文学科不同学段第一课时教学的一般流程进行了学年研讨。通过上课、研讨、反思、再上跟进课的形式使教师熟练掌握其一般流程，在此基础上再进行个性加工，从而使教师在研究中提高教育教学的实践能力。

3. 搭建展示平台，提高教师的专业水平

教师是幸福课堂的发动机，只有教师转变观念，并具备较高的驾驭课堂的能力和教学技能，才能使课堂变得丰富多彩而又充满生机活力，才能让学生感受到学习的快乐，才能教学相长，享受教学带来的美，得到实现价值的满足。今年为结合区教学百花奖活动选拔，我校开展了奋斗小学首届“幸福杯”校园百花奖活动，通过赛课活动检验了教师能否把课堂教学真正地变成幸福课堂。全校共有 44 名教师参与，在 44 节课的课堂教学中教师们都能够熟练运用各种教学手段，较准确地理解和把握教材，能关注学生，关注知识的形成过程。民主、和谐、其乐融融的课堂教学比比皆是。学生在轻松快乐中完成了学习任务，教师在互助交流中共享了教研的成果，实现了通过活动促进教师专业水平的提高的目的。

三、开展丰富的德育活动，让活动成为学生幸福的载体

学校切实按照“让每一位学生健康发展”的原则，开展以“幸福教育”为核心、以培养学生的人文内涵和实践能力为重点的主题教育，充分开发利用德育资源，全面关心学生成长，构建本校德育特色。

1. 把幸福教育融入学生在校生活的点点滴滴

让良好的行为道德在体验中形成。我们从学生的日常生活细节抓起，培养学生的行为习惯。本学期在巩固达标班、示范班评价实施基础上，我们加大行为规范无监管班力度，基本实现学生的自我管理。为实现有价值、有奋斗特色的养成教育，我校大队部利用“晨光播报”的形式把表扬好人好事变成一种激励传递给全校师生。同时在校学生阳光体育一小时的活动中，我校分上下午为学生安排内容丰富的课间操活动，还在每天“晨光播报”后，让学生进行跳舞活动。学生们在学校的每一天都在健康快乐地成长着，优秀品质和良好习惯都在养成着。

2. 提升学生综合素质，培养全面发展的奋斗娃

为了给学生提供展示自我的平台，帮助学生明确发展目标，学校继续开展“争星”奖励成长活动。活动以“我是奋斗之星”“我是小小奋斗娃”为主题，意在培养学生的良好习惯，提高学生的综合素质。“奋斗十星”涉及诚信、礼貌、读书、学习、劳动、艺术等十几个方面，包含了小学生综合素质的五个维度。这项活动的开展，促进了学生的全面发展，提高了学生的自我管理能力和自律意识。优秀学生影响着其他学生，全校形成了“优秀就是一种习惯”的思想认知，98% 的学生都在文明礼貌、行为习惯等方面达标，人人争做“小小奋斗娃”和“我是特色之星”的风气在校园已蔚然成风。

3. 开展特色升旗校会，使学生感受别样的德育

如果说每个人的经历都是一笔财富，那么工作在各行各业的家长就是蕴藏着巨大教育能量的宝藏。为了开拓学生视野，使学生更全面地了解社会，我校以升旗校会为平台，聘请家长做国旗下讲话，讲述自己工作和生活中的经历和感悟，让全校师生共同分享他们难得的人生经验。作为一名军人，张止戈的妈妈介绍了我国军队的发展历史；作为一名编辑，付可轩的妈妈让同学们了解了杂志的出版流程；张金卓的爸爸从一名执法者的角

度，告诉同学们“司法公正”是多么重要；而张志凯的妈妈用质朴的语言讲述了爱是教师给学生最好的礼物……家长走进学校，走上讲台，把自己的经历编成一本鲜活的生活教材，让德育更贴近学生。每一次国旗下的讲话对学生的思想都是一次洗涤，对学生的心灵都是一次净化。

这种别开生面的升旗仪式成为学生们童年生活的难得的记忆，进而构成了学生丰富多彩的人生。每一次升旗都仿佛推开了一扇窗，学生们守在窗前静静地领略着世界的博大，体味着生活的意义。

开放务实的教育理念，使升旗校会改革调动了社会资源，增强了教育合力，增进了家长与学校的沟通和信任。学校还将在此基础上，进一步走向社会，邀请各界人士走入奋斗，在鲜艳的五星红旗下，为学生增加多彩的人生课堂。

4. 培养“五善之生”，提高学生生命质量

在“美好的未来从奋斗开始，让每个奋斗人都走向幸福”的办学宗旨引领下，教师们把 5 个携手，即“与读书携手，做有内涵、有理想的奋斗人； 与文明携手，做有修养、有爱心的奋斗人；与勤奋携手，做会学习、善思考的奋斗人；与团结携手，做会交往、善合作的奋斗人；与健康携手，做自信、阳光的奋斗人”纳入到自己的班级管理和学生知行指导上，向学生提出做“五善”之生的目标，即善读、善讲、善写、善做、善记背，以丰富德育内容。每周升旗校会前开展“经典诗词”教师导读，全体学生共同诵读活动，周四晨会以班级为单位开展“经典诗词”品读活动，以提高学生素养。音、体、美、微各学科教师整合，创编韵律操“我真的很不错”。优美的动作，自信的口号，让学生们更加健康、自信、快乐。我校的中阮乐团，代表南岗区参加市级三独比赛并获得一等奖。“红领巾心育广播站”“红十字方队”开展心理健康和卫生保健知识讲座等活动，指导学生学会自护自救，自我服务，关爱生命。“我是奋斗小主人”礼仪队的组建意在让学生学会自我管理。我们的教师就是这样在点滴生活里润物细无声，

在小事中教育培养学生。上学期根据教师的特长又增加了各类小社团，有书画、趣味折纸、巧手十字绣等 8 个社团。这样的活动不仅丰富了学生的业余生活，更重要的是培养了学生的兴趣爱好，促进了学生综合素质的提高。

5. 打造主题月活动，彰显学校德育特色

主题活动是学校德育领域的生命线。一月一主题活动旨在让主题融进教师与学生的情感世界，促进学生各方面能力的同步发展。

3 月，结合“三八妇女节”，开展了“我的尽孝计划”主题活动，教育学生要学会感恩；“地球一小时”讲座和 3 月 23 日世界气象日的主题参观活动，不仅让学生了解了气象知识，认识环境现状，还使学生亲近了大自然，明白了珍惜现在的生活、创造美好环境的意义。4 月的安全、法制教育月系列活动培养了学生珍爱生命、关爱生命的意识，让学生懂得了生命的价值与内涵，更好地激发了学生的潜能。5 月的“翰墨飘香”奋斗小学首届读书节活动，为培养学生终身阅读的习惯奠定了基础。看着学生们、教师们乐享其中，沉醉在美文带给自己的乐趣里，我们深感读书节活动不仅使学生发生了巨大的变化，还使学校特色发展的内涵变得更加丰富，更为教师的成长提供了平台。对于我校的体育工作来说，5 月也是具有特殊意义的一月。首先是我校针对一年级学生的年龄特点，开展了奋斗小学首届校园亲子运动会。此次亲子运动会不仅增强了学生的体质，还让学生们体验到与家长共同运动的愉悦。更值得庆贺的是，我校运动队在本届南岗区运动会上再次超越自我，获得了小学乙组团体总分第一名的好成绩。6 月，儿童话剧院在我校操场搭建了舞台，给学生们表演了世界著名童话剧。学生们随着剧情的发展，快乐，紧张，惊喜，欢呼……现场气氛特别热烈，学生们在欢乐中受到了教育。德育的真正目的是什么？当看到学生沉浸在快乐与幸福之中时，我们找到了答案：德育就是要让学生快乐幸福的成长。走进 7 月，离别的情绪一直在毕业班蔓延，有学生对母校的留恋之情，有教师对学生的不舍之情，它始终萦绕着大家。为了让我们的学生能在小学阶段画上一个完美的句号，学校为五年级全体学生举行了一个以“感恩母校，扬帆远航”为主题的特殊的升旗校会。教师们的凝望包含了对学生成长的欣慰，学生们演讲的《我毕业了》道出了对母校的眷恋和对未来的美好期望。当学生们擦干泪水离开时，我们知道他们长大后一定会成为祖国的栋梁之材，让母校为他们感到骄傲。

9 月新学期伊始，在以“幸福的歌儿唱给党”为主题的校园艺术节中学生用美妙的画笔、灵动的舞姿、动听的歌喉展现了奋斗人的艺术魅力。

6. 利用教师资源开发特色校本活动

以“国学诗苑”和校本选修课“国学经典诵读”为内容，每天利用放学前的 15 分钟开展“诵读一刻钟”活动，用国学经典滋养师生心灵，用传统文化陶冶师生性情。每周五利用班主任教师反思备课时间，组织有特长的科任教师开发特色校本课程，力求培养学生的兴趣特长和实践能力，为师生的幸福成长奠定坚实的基础。

回顾在奋斗一年来的工作，在全体教职员工的努力下，在区教育局各科室的支持与关心下，学校的各项工作取得了一定成绩。一路走来，我们品味着教育的快乐，感受着收获的幸福。相信在奋斗人的共同努力下，我们的学校将处处呈现祥和与温暖、快乐与幸福！

研究之路

走近语文

原味阅读，个性飞扬

2005 年 10 月

《语文课程标准》指出：“阅读是学生的个性化行为，不应该以教师的分析来代替学生的阅读实践。应让学生在主动积极的思维和情感活动中加深理解和体验，有所感悟和思考，受到情感熏陶，获得思想启迪，享受审美乐趣。要珍视学生独特的感受、体验和理解。”基于对课程标准的理解，本着以学生为本，着眼学生发展的宗旨，我校确定了语文学科的研究主题，即“阅读要有自己的见解”。一个学期的实践中，我们逐渐体会到在阅读教学中，教师要尊重学生的个性，摆正自己的位置，让学生通过个性化的自主学习、个性化的提问、个性化的阅读积累、个性化的思考表达，使个性在阅读过程中得到提升，这才是原汁原味的阅读！

深入教师们的课堂教学后，我发现要实现个性化的阅读并非易事。实践中我们要力求在传统阅读教学中做好适当的“加减法”，调整好“多”和“少”的关系。

一、多一些尊重，少一些评判

一千个读者便有一千个哈姆雷特。个性化阅读尤其强调学生阅读过程中的独特体验和创造性。教师要充分尊重学生的自我感受，不能以教师的观点、教参的解读来代替学生的阅读感受，更不能把教师个人的理解和体验强加给学生，否则，个性化阅读无从谈起。强调个性化阅读，首先教师要转变教学观念，传统的教学观满足于规范与服从，新的教学观则强调师生对话互动。对话的前提必然是对学生完整独立人格的尊重，更要尊重他们阅读的独特感受，要改变过去教师以绝对权威的角色主宰课堂的局面。听了一节《跳水》，任课教师让学生们自己谈谈课文的哪一部分最扣人心弦，学生们谈了学生遇险和学生跳水后，教师又和学生们聊起对船长的看法，本来认为肯定了船长的机智就可以了，没想到一个学生很激动地发表了意见："我认为船长这样做太不对了，怎么能对幼小的学生用枪威逼呢？这样太伤害学生了，会对学生的心灵造成伤害。"话音一落，教室里就议论开了，有的学生反驳，认为她说得没道理；有的赞成她，认为救学生也要考虑学生的心理感受；还有的学生觉得无所适从，好像都有道理。其实这个学生把思维的渠道拓宽了，教师没有立即肯定或否定这个学生的说法，而是尊重学生的感受，让他们再想想还有没有更好的办法。学生们提出了很多办法，有的说让水手上去救，有的说船长可以劝说学生跳水，还有的说船长可以叫喊、吓唬学生跳水等等，学生们又对所提出的办法进行了讨论，最后觉得都不妥，还是认为船长的办法最有效、最保险。看着提出质疑的那个学生，教师又请大家帮助船长："你想得很周全，在这样的情况下，船长为了儿子的生命只能这样做了。如果他真的伤害到了儿子的感情，你能帮船长想想办法补救吗？"学生们又兴奋了，纷纷提出很多父子沟通的好办法，并由此想到父母有时情急之下对自己的教育可能过于严厉，但是要理解父母的苦心。没想到一个学生独特的阅读感受使得这节课有了许多意外的亮点，既使学生们深切感受到了船长的冷静果断与机智，又为两代人的相互理解开了条心路。因此，只有尊重学生的阅读感受，阅读活动才会焕发生命的活力。教师只有成为学生阅读活动中的平等的伙伴，学会倾听，学会尊重，学生才能勇于表现自我，大胆发表自己的见解，张扬自我的个性。

二、多一些交流，少一些提问

在阅读过程中教师不需要再充当什么权威了，那么教师需要做什么呢？教师要充分利用多种教学手段，给学生们创造更多更广阔的交流空间，营造良好的阅读与交流的氛围，使学生在一种自由和谐的氛围中深入体验，畅所欲言，充分表达，充分交流。

一问一答的阅读活动从根本上忽视了学生的主体存在。其实阅读过的人都有这样的体验：当读到一篇感人的文章或一个动人的情节时，往往会不由自主地热泪盈眶或黯然神伤或欣喜兴奋。为什么？是因为阅读者带着强烈的阅读主体的个性特征，在阅读时融进了自己独特的情感、理解和体验。所以在阅读中应该重视学生情感的融入，使学生有身临其境的感觉，让学生享受到审美的乐趣。而我们在课堂上需要呈现的正是具有个性特色的阅读交流，而非从教师理解出发的一个个问题和答案。

三、多一些实践，少一些讲解

语文实践告诉我们，真正有效的阅读，必须依靠读者全部的心智和情感意向活动，才能通过对书面文字的感知和理解，把握其所反映的客观事物及其意义，达到阅读的目的。阅读是个性化的行为，任何人都不能越俎代庖。教师的职责就是营造一个有利于学生个性化阅读的氛围，让学生直接面对文本，主动地、专注地阅读，从而使学生获得更多的收益，使其个性得以张扬，使其语文素养得以提高。

哪些活动才是阅读的实践活动呢？

1. 批注阅读

从众心理在小学生中普遍存在，表现在阅读活动中则是人云亦云，不能或不敢提出自己的独特见解，这显然不利于个性化阅读。而批注阅读强调的是学生在独立阅读过程中，对文章进行感知，对内容、层次、结构、思想感情、表现手法、语言特色、精彩片段等方面，在思考、分析、比较、归纳的基础上，用线条符号或文字加以标记批注，想到什么，就写什么，想怎样批注，就怎样批注，具有很强的阅读自主权。学生有感而发，有疑而注，有得而写，满足了个体学习的需要，促进其个性品质的发展，是实现个性化阅读的有效方法。在一节《晏子使楚》的教学中，教师把阅读的实践机会交给了学生，让学生自由阅读，自己批注。结果学生的批注大大丰富了阅读的内容，其中有的感慨："晏子太了不起了！""晏子是齐国的财富，是齐国的精英。""一晏子抵万军。""聪明！痛快！"有的疑问："楚王为何如此欺人？""能忍则忍，不能忍时该怎么办？""强人怎不为强国效力？"等等，这样的批注带有学生鲜明的个性烙印，使得阅读更有效果。

2. 反思阅读

阅读过程中的自我把握、反思和调控是学生形成阅读能力、养成良好阅读习惯的有效方法。因此，教师要引导学生依据自己的"阅读期待"强化"阅读反思"，使学生不断修正自己的错误，改进学习方法。一是学生自我思考：我的理解正确吗？还有没有不同的见解？二是同学间的合作交流。通过同学之间的互动、合作、交流，发现他人理解、思考、标记的独特之处，寻找自身的不足及原因，并获得调整思路、修正认识、改进方法的启示，达到集思广益、相互启发、加深理解的目的。三是教师的点拨。比如在《我的伯父鲁迅先生》一文中有这样一句话："四周围黑洞洞的，还不容易碰壁吗？"学生在阅读理解这句话时遇到了困难，这个时候他们更希望得到老师的点拨，而不是盲目揣测。我和教师们探讨，这个点拨怎样才能更巧妙，既没有生硬的讲解又能让学生自悟自得呢？于是我们想到了以讲故事作为点拨，来开启思路。故事的大概意思是冯玉祥将军大白天打着灯笼去和蒋介石会面，讽刺蒋介石统治下社会的黑暗。学生们听了故事后恍然大悟，想通了鲁迅话中的深意。

3. 延时评价

一般情况下由于受思维定式的影响，新颖独特、有创意的见解常常会出现在思维过程的后半段，也就是所谓的"顿悟"和"灵感"。过早地对一个可能有着多种答案问题的回答给予终结性评价，势必扼杀了创新与发散性思维的火花。延时评价，能让学生有更广阔的思维空间，产生更多的创新灵感，使个性思维和个性品质得到充分发展。

4. 开放问题

阅读既然是一种个性化的解读过程，那么，学生自然可以依据自己的“阅读期待”对课文产生认同、共鸣，或进行质疑、批判。因此在问题设计上，应摒弃强调“答案唯一”的限定性问题，多设置一些能促进学生多向思维、个性思考的开放性问题，为学生发散思维、放飞思想、张扬个性提供广阔的空间。如《落花生》中“从落花生身上，你得到了什么启示”《丰碑》中“你对军需处长有什么看法？打算为碑文写点儿什么呢”《桃花心木》中“说说你对桃花心木和种树人的看法”……这些弹性的、没有标准答案的问题，教师引导学生根据自身的认识和体验从不同层面、不同角度来做出回答。

四、多一些选择，少一些限制

教师要从学生的个性实际出发，开放课堂，尊重学生的个性学习方法，善于了解并研究学生自主创新性学习的心理，善于根据个性与共性，把选择权交给学生。

1. 选择阅读的内容

学生是学习活动的主体，教学中应让学生有自主取舍阅读内容的机会。同是教学《美丽的小兴安岭》一课，一位教师领着学生们从春季学习到冬季，很有顺序，但学生们并没有多少阅读热情。而另一位教师则激励学生们选择阅读内容。“你最希望老师哪个季节去小兴安岭呢？读读课文，根据你的见解来说说。”这样一来，学生们带着问题主动地阅读，阅读的积极性大大提高，课堂十分活跃，学生们都愿意把自己阅读的感受与老师和同学们分享。

2. 选择阅读的方法

学生因知识水平的差异和不同的兴趣、爱好，表现为不同的个性。因此，我们必须尊重学生的个性差异，让学生用自己认为最佳的方法进行学习。教学《翠鸟》时，教师要鼓励学生运用自己喜欢的方式自读自悟：可以讲一讲、议一议；可以画一画翠鸟；可以美美地读一读；可以演一演翠鸟……然后交流运用不同学习方法的阅读收获。立足于学生不同的个性特点，让学生运用自己喜欢的方法来学习，虽然方法各异，但都从不同侧面对翠鸟有了一定的了解。这种教学方式给予学生展示自己才能的机会，学生学得主动积极，读书效率也提高了。

学生自主选择适合自己的学习方法，可以放声朗读，可以展开争论，可以动手操作，也可以进行游戏表演，调动多种感官，全方位地感受并理解阅读内容所包含的信息与意义，从而获得独特的体验。

五、多一些创作，少一些模仿

读者在发掘和填充阅读“空白”的过程中对文本进行再一次创造，所以阅读是一种创造性活动。有了个性化的思维和知识积累，便会激发表达的欲望，也必然会产生不同的表达内容和方式。教师应珍视学生独特的感受、体验和理解，积极为学生们创造表达再创造的机会。在教学《全神贯注》时，教师可以让学生们也尝试用“名人名言”的形式来发表自己阅读后的见解；阅读《赤壁之战》后，教师可以让学生说说自己对战争胜利与失败的看法；读《乌塔》时，学生可以想想小学生是不是可以独自出游；学习《蛇与庄稼》时，学生可以观察一下事物之间的相互联系，并联想“非典”中一些事物间的联系……这样阅读后再创造，真正把课堂变成了学生们创造的乐园、启迪智慧的乐园。

倾听来自每个学生的独特声音，去发现、珍视学生的每一点滴的感受，并创造机会，让学生尽兴地表达见解、表现自我、展示才华，让个性在阅读教学中飞扬起来，它很可能就是学生们开始人生远航的风帆，让我们送他们一程吧，给童年原汁原味的个性阅读！

阅读教学中应珍视学生的主体地位

1997 年 3 月

教学大纲要求教师既要发挥主导作用，又要充分调动学生的积极性、主动性，使学生在学习语文中生动活泼地得到发展。教学要面向全体学生，全面提高学生的语文能力，牢固树立“以学生为主体”的思想，充分发挥学生的主观能动性，让学生在课堂有限的时间和空间内多读、多说、多写、多思、多听，实现耳、眼、口、手、脑“全频道”协调、“立体式”渗透，使学生真正成为学习的主人。要立足课堂，培养学生的创新能力和实践能力。为此，我主要采取以下几种做法：

第一，给学生足够的时间，让他们多读书，多实践。

比如《狼牙山五壮士》一课，在学习第一段时，我放手让学生自读，然后让学生不受限制地说一说读懂了什么，这就避免了用一连串问题牵着学生走。学生自己读书，自己思考，自由表达，切实处在了学习的主体地位。实践证明，学生读懂了许多内容，有些甚至是老师想不到的。那么在这一教学环节中，教师的主导作用又是怎么体现的呢？教师让学生自己去读、去想、去谈，并不是让学生牵着老师的鼻子走，而是通过“点拨”升华了学生的学习所得，通过“评价”给学生的思维以导向，引导学生朝哪个方向去思考、怎样思考，培养学生提出问题、分析问题、解决问题的能力和认真读书的良好习惯。

第二，讲究训练坡度，减缓难度，尽量扩大参与面。

如教学《鸟的天堂》一课，作者第二次经过时，呈现于眼前的是百鸟齐鸣千雀争飞的“热闹”的场景，写出了群鸟嬉戏的动态美。为了让学生进一步认识到鸟儿们生活在“天堂”里自由自在、无比欢乐的状态，我精心设计了有梯度的说话练习：请同学们用上“这里的鸟真多，它们生活得很快活”这个开头，并且用上“有的……有的……有的……”这个句式练习说一句话。有学生说道：“这里的鸟儿真多，它们生活得很快活，有的站在树枝上叫，有的飞起来，有的扑翅膀。”然后我引导学生展开丰富的想象，具体说一说这些鸟当时的姿态或样子等，也就是在“叫”“飞”“扑”的前面或后面加上一两个词，使原来的句子更具体。我先让每个学生按要求小声自由地说一说、练一练，然后再请几位同学站起来交流，最后让大家互相点评。这使得课堂气氛十分活跃，学生参与面扩大了，人人都动脑思考，频频举手，调动了学习积极性，而且还训练了学生组词、造句的能力。

第三，恰当地组织课堂活动，巩固、深化学习成果。

如教学《詹天佑》第五自然段，这段主要讲詹天佑“开凿隧道”。以居庸关和八达岭两个隧道为例，詹天佑根据地势不同而采用了不同的开凿方法，突出了他的智慧。居庸关“山势高，岩层厚”，他决定采用“从两端同时向中间凿进”的方法；八达岭隧道长，他采用“中部凿进法”。在学生初步读懂课文的基础上，我让学生动笔画出两种凿进法的草图，学生兴致倍增，全体参与。然后再引导同桌两人交流评议，并对比分析说说两种开凿方法的不同及各自的优点，最后全班同学交流汇报。进而使学生手、口、耳、脑协调发展，巩固、深化了学习成果。

总之在阅读教学中，要面向全体学生，让学生有动手、动口、动脑的实践机会，增加学生的自学机会，教给学生自学的方法，充分调动内驱力，让全班学生的听、说、读、写能力都能得到发展，情感受到熏陶，思维能力得到发展，进而完成语文学科素质教育的任务。

走进语文话对话

2007 年 4 月

《语文课程标准》中明确提出：“阅读教学是学生、教师、文本之间对话的过程。”那么何为“对话”呢？哲学家马丁·布伯强调真正的对话是“从一个开放心灵者看到另一个开放心灵者之话语”。这是平等的“我、你”关系。在语文教学中，它是指教师、学生、文本之间的一种精神上的沟通，心灵上的碰撞。在教学的整个过程中学生需互动、对话，使教学有触角，有体验，有感动，有领悟，有思索……因此，可以说阅读教学的过程是教师、学生与文本间心灵的对话。

在实际教学中，要把对话的理念落到实处，就要对传统教学流程进行调控与整合，在加强听说读写，感悟、积累、运用的基础上，达到优化高效的要求。在具体的语文教学中应做到：

1. 初读感知，巧选话题

学生主动以自己的实际生活体验和已有的知识经验与文本进行“对话”，对文本内容进行整体感知。阅读要以学生自读为主，教师应放手让学生自由读书，既要有时间上的保证，又要有“量”的保证，要让全体学生读得认真、读得充分，在阅读中结合原有的生活经验、情感体验、知识储备等建构新的感知。教师要相信学生，要根据不同课文的情、趣特点，激起学生的情感共鸣，唤起学生的兴趣，调动起学生原有的生活经验，并反馈学生的阅读效果，或指名读课文，或同桌互相读课文，引导学生进行个性化的表达，引发学生对文本内容的整体感知。对于学生提出的疑难问题要及时加以梳理，使之系统化。在此基础上，让学生运用规范的言语谈谈对课文的整体感知，同时要因势利导，相机选择巧妙的话题，顺水推舟进入新的教学环节。所以，教师进行对话教学，首先要切记不能让对话成为无源之水，成为脱离教材的语言。

2. 读文深思，感悟话题

要以学习文本语言为根本，选择文本独特的语言形象、语言情感、语言规律等有价值的、易展开的话题作为对话的主题。对这些话题，我们再也不能像过去那样在课堂上“喋喋不休”“唠叨不止”地进行烦琐的内容分析，而是让学生抓住这些能积累语言、培养语感、发展思维、发挥个性、完善人格的话题，通过对文本语言进行熟读精思，潜思体会，切己体察，含英咀华，自主领悟，产生个性化感悟。教师要尽可能地让学生用个性、经验、情感对作品进行解读，通过文本和作者进行心灵的对话。只有当学生达到“心求通而未得，口欲言而弗能”的“愤悱”状态时，教师才可用启发、点拨、暗示等方式给他们以启迪，引导他们进一步熟读、精思、观察、体验、想象，使学生恍然大悟，茅塞顿开。

3. 研读交流，多元解题

学生与文本的对话，其实是一个不断自我建构的过程，学生依据自己的生活阅历等，赋予文本以全新的意义和阐释，从而使文本的意义不断地开拓和建构。学生抓住话题，通过对文本言语熟读精思、含英咀华后产生的个性感悟，就是“双重转化”“自我建构”的结果。对这“五彩缤纷”的结果，教师要让学生通过讨论、争辩、交流等对话形式，并注意教学内容的价值取向，同时尊重学生在学习过程中的独特体验，让学生疑难能自决、是非能自辨、斗争能自奋、高精能自探，还要通过美读对个性感悟加以内化。当学生的感悟有违于价值取向时，教师要在鼓励个性的前提下，让学生再次认真研读文本，和文本再次进行对话，通过言语产生再感悟，达到“柳暗花明又一村”的境地。

我校一位教师在教学《草船借箭》时，让学生以“草船借箭”为话题展开对话。一个学生举手说：“老师，我觉得不应该是草船借箭，人家曹操也没答应借啊！我觉得是草船骗箭。”他的话音没落，就已经听到学生们发出各种惊叹声和附和声，那位老师很尊重学生的个性感悟，把话题又抛给学生们：“我们都考虑考虑这个问题。”学生们说法不一，有的说：“我说说我的看法，这里有种感情色彩。诸葛亮是个正面人物，所以得用借不能说是骗。”还有的说：“我觉得就是借，因为有借就有还啊，你看我们知道在火烧赤壁中，神机妙算的诸葛亮不是又把这些借来的箭还给了曹操吗？这个‘借’字更能体现诸葛亮的足智多谋啊。”这个时候我发现那个提问的学生已经在不知不觉中点头了，教师也及时让提问的学生谈谈现在的想法。在这种开放的多元价值取向中，对话给了学生丰富的体验和深入思考的契机。

对于学生的个性感悟，教师要给予充分尊重，并从中达成师生共识，形成一种言语和精神同构共生的理性宽容的人文情怀。

4. 自读感悟，拓展话题

阅读教学过程实质上是教师、学生与作者以言语作品为中介而展开的融学生主体感悟、作者真情倾诉、教师真切关爱于一体的言语对话过程。在这一过程中，感知、领悟、积累文本的鲜活言语，掌握恰当而又得体运用语言进行表情达意的言语技能和技巧，是阅读对话教学个性的体现。叶澜认为：“我们的语文教学，只有充分激活原本凝固的语言文字，才能使其变成生命的涌动。”教师要让学生活读课文，根据教材的语言特色，设计多种动态的语言实践活动，迁移运用文本语言，让学生在拓展创新的话题下，将已学的消极语言转化为积极的语言，并进一步实现语言和精神的同构共生。

（1）读写结合：运用文本语言“精品”中学到的语言规律和积累的语言，在新的话题下进行从读到写的再迁移，从而习得语感。我在几节语文课上欣赏到了学生们这种很有价值的语文学习。在《荔枝》一课中，学生们在感受到了母子情深后，围绕“母爱”的话题谈了各自的感悟，然后教师留出时间，让学生们为母亲写点儿什么。这种文字与文字的对接，情感与情感的共鸣，使学生们很好地实现了与文本、与作者的对话，当场写出了很多精彩的文字。如有一个学生写的《鹊桥仙》：“有女如妹，妈妈是书，伴我日日进步。愿快生坚实臂膀，将妈妈细心关护。洗尽年华，妈妈如花，曾经十载劳碌。恨不能盗得仙草，让妈妈青春长驻。”

（2）转换语言：学生在理解、品味、积累的基础上，对课文的言语材料按一定要求重新组织构思、融合润色，并在新的话题下进行表达，以求借鉴规范的言语材料，提高学生运用言语的能力，从而习得语感，如转换表达形式、环境条件、情景角色和叙述方法等。在这个方面我校老师们也做了有益的尝试，比如让学生们把《晏子使楚》《夜莺之歌》《将相和》等课文转换为剧本形式，让学生在情境对话中加深对语言文字所描写的场景、人物语言及心理的感悟。这种学习很生动，很受学生们的欢迎，但需要注意，不是所有的课文都适合改成课本剧的，而且改编和表演一定要建立在对课文充分了解的基础上。否则就是形式的、浮躁的，不利于学生的语文学习和能力发展。

（3）阅读拓展：得法于课内，运用于课外。在创新话题中扩大阅读量，实现知识的增值、促进方法的再运用、能力的再提高、语感的再习得。如同种体裁扩大阅读、同部名著扩大阅读、同类内容扩大阅读、同个目标扩大阅读等，这种主题构建的扩大以点带面，大大丰富了学生们的语言学习资源。我校语文老师成功地构建了“母爱亲情”“历史足迹”“童年趣事”“神州锦绣”等主题阅读内容。

实施对话教学也不总是“一片晴空”，还存在很多需要反思和纠正的问题，如出现了对话问答化、汇报化、表演化等严重问题。对话问答化是把对话教学简单地理解为一问一答。一堂课看似热热闹闹，对话开展得十分顺利，但常常是无疑而问、无思考而答，这样的对话教学会养成学生们浮躁、思考问题浅薄等坏习惯。对话汇报化是将对话简单理解为讨论之后的汇报会。教师只是一个主持人，偶尔或小结或评点或纠错一下，一堂课让十多个小组回答，教师根本无时间深入展开。其危害是脱离文本，把教师的语言霸权转移成几个优秀学生的语言霸权。对话表演化则更是把追求活泼的形式和有趣味的氛围作为一个目标，而忽视了对话的内容。如果学生的活动、交流都停留于一个基本层面的热闹，而不向纵深掘进，那么课堂的效率何在？这个问题还需要我们在实践过程中不断思考。对话并不排斥教师优秀的讲解，教师作为对话中“平等中的首席”，一定要适时而讲，在对话中求得师生的共同发展，是我们努力追求的目标！

学习课程标准 关注母语教学

2006 年 7 月

《课程标准》的实施给中国的教育带来了新的生机。新观念、新课程、新教材，要求我们改变传统的教学观念，改革我们的教学方法。这里作为母语教学——语文学科的教学显得更为突出。

1. 新课程在教学观上，着眼于人的发展

“活到老，学到老”是中国的古训，但应试教育却一度把人的学习终止于各级各类学校的升学和毕业考试中。课程标准中明确了语文教育应为学生走出校门后接受终身教育打好必要的基础，着眼于学生的可持续发展，彻底改变语文学习的被动方式。新课程注重打好学生的五种语文基础：基础的语文知识、基本的语文能力、基本的文化素养、学习语文的兴趣倾向、良好的学习方法和习惯。

在这五种基础上，使学生获得自我学习、自我提高的能力，学生才可能在迈出校门、走入社会时实现个体的语文继续教育。

2. 新课程提倡语文的实践性

《课程标准》指出：“语文是实践性很强的课程，应着重培养学生的语文实践能力，而培养这种能力的主要途径也应是语文实践，不宜追求语文知识的系统和完整……应该让学生更多地直接接触语文材料，在大量的语文实践中掌握运用语文的规律。”语文综合性学习是一种自主、探究、合作的学习方式。它重在学习过程，注重激发学生的创造潜能，能较好地整合知识和能力，尤其利于在实践中培养学生的观察感受能力、综合表达能力、人际交往能力、搜集信息能力、组织策划能力、互助合作和团队精神等等。所以我们要充分利用现实生活中的语文教育资源，优化语文学习环境，努力构建课内外联系、校内外沟通、学科间融合的语文教育体系。引导学生开展丰富多彩的语文实践活动，拓宽语文学习的内容、形式和渠道，使他们在广阔的空间里学习语文，运用语文，进而拓宽视野、丰富知识、提升能力。

3. 新课程拓展了学生语文学习的空间

《课程标准》对语文学习的内容进行了新的定位，要求内容要“体现现代社会的思想、观念”，要“关注人类、自然和环境，理解和尊重多样文化”。这就把语文教学的内容大大拓展了，也积极倡导了学校语文、生活语文和社会语文的融合。

社会语文教育是语文学习和实践的广阔天地。“语文的外延就是生活的外延”，作为我们母语的汉语言在我们的日常生活交往中是无处不在、无时不在的，所以除学校中的语文教育外，与家人交流、朋友交往等等，无不需要使用语文工具、无不在进行语文实践。此外，报刊、广播、电视戏剧以及图书馆、文化馆、博物馆，各种讲座、展览等等，也都是向学生进行语文教育的好渠道。

兴趣先导，为学生的一生幸福奠基

2008 年 9 月

基础教育的核心是培养人的全面发展，是为学生的幸福人生做奠基。母语教学更是如此，成功的语文教学应该让学生们乐在其中，无论是识字、阅读还是习作，兴趣都应是我们教学的出发点和落脚点，我们要让学生们在这些语文活动中体验到快乐。

一、识字教学：贴近生活，游戏课堂，乐中识字

识字是阅读的基础，整个小学阶段要求学生的识字总量约为 3500 个，而低年级就要求认识常用汉字 1600 ~ 1800 个，这同旧大纲所规定的低年级识字 1150 个相比，在数量上增加了 450 ~ 650 个，对低年级小学生来说，这无疑是一座难以攀登的大山，要想达到这个目标并非易事。《课程标准》把培养学生“喜欢学习汉字，有主动识字的欲望”列入教学的第一目标。学生们只有喜欢了，才会去专注。怎样让学生们喜欢上识字呢？学生们最喜欢通过做活动、做游戏来识字，借助识字方法识字是最有效的。经过几年的教学研究，我们总结了多种识字方法：插图识字法、游戏识字法、歌诀识字法、象形会意识字法、形声识字法。课堂上灵活运用这些方法，会使原本枯燥的识字活动变得趣味盎然，学生们也乐在其中。

语文教学既然是母语教学，我们就要充分利用社会这个庞大的教育资源库，学生们的母语环境，引导他们把识字活动与现实生活结合起来，在生活中身边的广告牌、商品包装物、各种报纸杂志等，这些都是学生识字的好材料。把这些资源收集起来，剪一剪、画一画、贴一贴，就成了图文并茂的富有趣味和个性化的“识字课本”。在这个过程中，学生动手、动脑，体会收集、整理、编排的创造过程，享受其中的快乐。此外，我们还与家长通力协作，引导学生们在生活中识字。让家长写词语卡片，贴在家中的物品上，教学生们认读。这不但调动了家长参与的积极性，也帮助学生们在家庭生活中识字，学生们在课余时间对照实物认字，在无意与有意之中就会记住这些字。让学生们在跟随家长坐车、旅游、去自选商场（超市）购物时，认读站牌、景点名、街道名、牌匾名以及商品名称等字。商业广告也为学生们提供了图文并茂、生动有趣的识字环境，丰富了他们的口头语言，同时，许多朗朗上口的广告词更是受到学生们的青睐。我们还利用星期天、节假日，请家长帮助摘录广告词、做标牌广告，这既巩固了学生们的识字基础，又开阔了他们的视野。

社会的进步的确带给我们很多快捷方便，但另一方面，现代人习惯用键盘写作，写字生疏、提笔忘字的现状也让我们感到担忧。在我校提出的“让每个继红学子都写一手好字”的理念引领下，各班开展了每日“习字一刻钟”活动，每天下午利用 15 分钟的时间进行习字，前 5 分钟由教师悉心讲解，从握笔姿势到简单的笔画笔顺，从一笔一画的占格到每个字的间架结构，由每个字的高矮胖瘦到部件笔画间的穿插挪让，边讲解边示范，然后让学生先描后写，教师细致地给予个别指导。后 10 分钟伴随着典雅悠扬的古乐静心习字，培养学生们对汉字的热爱之情和用心习字的沉静之心。另外，学校还定期开展评选“写字大王”、评级争星和班级书法作品展评等活动。我们希望学生们能在这样的氛围里，从小爱识字，爱写字，喜欢自己民族的文字，为中国汉字感到骄傲！

二、阅读教学：快乐阅读，有法可依，有路可循

快乐是一种美好的情感，快乐阅读是伴随着愉悦情感体验的主动积极的阅读活动。“快乐就像胶水一样能黏住注意力，如果学生只遇到阅读的无趣，很少体验到乐趣，他就会回避阅读。”因此从低年级入学，我们就非常关注学生们阅读兴趣的培养。

我们选用了绘本作为低年级学生阅读的起点，因为在国际上绘本是公认的最适合幼儿与低年级学生阅读的图书。绘本阅读是低年级学生阅读经历中不可缺少的重要一环。在国外，绘本已经有了一百多年的发展历史，是发达国家儿童首选的读物，而在我们国家，对绘本的了解与绘本阅读的实践才刚刚起步。近两年，我国有一些儿童文学作家与小学语文教学研究专家认识到绘本阅读对低年级学生成长的重要性，并开始致力于绘本的推荐与绘本阅读的推广，我们学校也尝试着对低年级学生进行了绘本的导读。我们把绘本阅读作为开展低年级语文综合性学习的一种载体进行研究，提倡快乐阅读，即借助绘本，在听说读写的综合性游戏式的活动中，提高低年级学生听说读写的综合能力，培养他们对阅读的兴趣、对美的感受和想象，以及对周围世界的认识能力，培养他们乐于观察、乐于动手、乐于合作、乐于探究、乐于学习语文的习惯。为此学校每周开一节阅读课，两个班或三个班的学生在一起通过多媒体课件共读一本书，在阅读的过程中教师充分尊重每个学生的不同感受，积极鼓励他们边读边猜想后面将要发生的事，鼓励他们参与编写故事，想出与作者不同的、有意思的情节或续编结尾。在教师的积极鼓励下，部分学生还尝试着自己绘制绘本，在这个过程中学生们会品尝到阅读的甜美滋味，享受到阅读带给他们的快乐。

到了中高年级，我们也注意帮助教师们理顺出阅读教学基本模式，经过多年的总结，我们摸索出“自读质疑——选读探究——品读感悟”的教学模式。“自读质疑”是教学的起始阶段，是学生初读文本后，从题目、词语、内容、表达等方面提出自己不理解的问题，引入新课的阶段。“选读探究”是教学的探究阶段，“拥有可以自由支配的时间，是个性发展的一个重要条件。学生的素质和天资只有当他每天都有时间从事自行选择的喜爱的劳动时才能得到发挥”。这一阶段的教学根据疑问引导学生自主地确定最能说明问题的一方面，并进行深入探究，引导学生选择不同的方法，如批注、解疑、讨论、查找资料等形式，给予学生更广泛的空间，掌握更多的解决问题的途径方法。“品读感悟”是深入感知、运用迁移阶段，强调的是感悟意识和创造意识，提倡阅读文本个性化。

古诗教学也是我们非常重视的一个方面，我们总结出古诗教学的“四部曲”：读诗题，知作者；抓字眼，解诗意；读诗句，入诗情；多诵读，悟诗情。结合课内的古诗文教学，大力开展经典诵读活动。学校开发出以经典诵读为主的校本课程，即“做主动发展的继红人”校本课程（必修类）。让学生们在诵读文化经典的同时，积淀人文素养，传承民族文化。

<table>
<tr><th>课程类型</th><th>课程主题</th><th>课程名称</th><th>适用年级</th></tr>
<tr><td rowspan="9">必修课程</td><td rowspan="9">中华经典诵读</td><td>中华上下五千年</td><td rowspan="2">一年级</td></tr>
<tr><td>弟子规</td></tr>
<tr><td>三字经</td><td>二年级</td></tr>
<tr><td>增广贤文</td><td rowspan="2">三年级</td></tr>
<tr><td>对韵歌诀</td></tr>
<tr><td>对联集锦</td><td rowspan="2">四年级</td></tr>
<tr><td>《论语》二十二则、名言名句</td></tr>
<tr><td>中国智人妙语</td><td rowspan="2">五年级</td></tr>
<tr><td>经典古文</td></tr>
</table>

教材中除精读课文外，还安排了部分的略读课文，这些课文同样有着示范的作用，但在教学上又不能完全等同于精读课文，因此我校高年级的教师们又摸索出略读课文的“三读法”：一读全文，整体感知；二读连接语，明确问题；三读全文，解决问题。实现略读课文，学生自读自学自乐，还学生一个高效的语文课堂。

三、习作教学：真实有趣，拓宽视野，以写为乐

提倡“我手写我心”的真实的作文教学，解决学生们在习作中“不爱写，不知道写什么”的问题。一方面致力于培养学生的写作兴趣，另一方面极力丰富学生的写作素材。

我们鼓励多种方式地写，如读中写、观察体验中写、游戏活动中写、问题探究中写、大胆幻想中写……紧紧捕捉住教材中的优秀范例，让学生们在仿写中认识到习作并不难；积极开展校园活动，让学生们在参与过程中积累真实的感受；密切联系学生们的家庭生活，品味生活中细小的变化和感动；凝聚社会力量，倡导学生们在社会活动中健康成长、开阔视野、丰富习作内容……让学生们能从小片段、小问题、小现象、小发现、小游戏、小烦恼、小快乐、小秘密等入手进行习作的练习，引导学生能够在习作过程中做到六动：动眼——用一双敏锐的眼睛观察生活，让每一缕阳光闪动在学生的眼睛里；动耳——用一双灵敏的耳朵去倾听世界的语言，让美妙的声音萦绕在学生们的耳畔；动脑——在广阔的空间里，激活学生们的信息源，让凌乱的信息变得有序，有学生们自己的独特风格；动口——先说后写，乐说乐写，组织词语接龙、口头作文、即兴演讲、即兴辩论等活动，让学生们的口头表达能力不断发展，而后下笔成文；动身——引导学生借助形体语言尝试角色扮演、情境表演，架起想象与习作之间的桥梁；动手——让学生们亲自动手实践，体验生活中实实在在的快乐，加深感受。唯有这样，热爱生活，有法可依，学生们才能爱写，并有丰富有趣的内容可写。

此外，对学生们习作的评价也是激发他们写作兴趣的一个重要因素。学生需要鼓励、夸赞，进而获得成就感，于是我们的作文评价除了老师们或赞许或幽默或建议的评语之外，还有小伙伴们和家长们的评语。我们还为爱写作的学生开辟了习作展板，每周一次的习作赏析，红领巾站的“我读我文”，各个班级的循环日记、作文周报，以及班级论坛上的作文展评，

有的班级甚至把学生们的作文编辑成书，这大大激发了学生们的写作兴趣，为他们提供了源源不断的写作动力。有了兴趣，学生就有了写作的欲望，有了生活，动笔就有了源泉。

课程改革以来，我们在以往关注语文工具性的基础上，科学理性地关注教育的全面发展的目标，把《课程标准》的三维目标融合于我们每一节的课堂教学中，让学生们在快乐中学语文、用语文，为学生们的幸福人生奠定基础。

以备课为平台提高教师的专业素养

2013 年 12 月

我们认为核心素养落实有赖于不可或缺的四根支柱：课程是灵魂，评价是关键，学习方式和教学方式的变革是中心环节，教师素养及培养是保障。我们以保障核心素养落实入手，以备课为平台，专注教师专业素养的提高，为落实学生核心素养打下坚实的基础。

1. 借力专业委员会，提高教材解读力

教师专业委员会十几年来一直是复华教师专业成长的摇篮，本学期结合学生核心素养的培养目标，我们以专业委员会为依托，借助“六会”强化教师教材解读力的培训。这“六会”包括四个专业委员会，一个复华读书会，一个复华“名师汇”。

我们按照“学校定标——理事计划——成员研究——团队跟进——实践应用”的流程，坚持隔周一次的专业委员会研究活动，每周一次的微阅读活动，每月一次的名师工作室汇报交流活动。在这些活动中，教师们认识了什么是核心素养，懂得了基于核心素养下，该如何进行教材解读，明确了在教学实践中，根据不同课型进行教材解读的策略。实现精准解读教材，做到未上课，心中却有整座山；未教学，眼里看到的是“全人”。专业素养的提升使得教师在培养学生的核心素养时有了底气。

2. 借力优质课赛课，提高教学目标执行力

优质课认证是复华小学独具特色的课堂教学活动，我们以此为平台，面向全体教师，每学期一个大主题，每月研究一个相关小主题，以提高教

师的专业素养。以本年度四月份为例，我们首先聘请了市教研员杨瑞松老师进行学科素养的解读，明确教学目标的指向；然后骨干示范，教师关注教学目标执行情况；接着专业委员会研讨反思，调整完善解决策略；最后全员跟进。如此循环，全员参与，全程研究，全面提高，我们用自己的努力提升着自身的专业素养，为学生们核心素养的培养积淀着力量。

3. 借力网络协同备课，提高教师备课效能

请大家先看一个小微课，了解一下网络协同备课的基本操作流程。

83 秒微课内容：①发起邀请，主备说课。主备人提供初级共享教案，协备人进行研读和初次批注。②集中备课，共同梳理。主备人综合修改教案，确定最终的目标、重难点、流程及设计意图。③深度修改，主备定稿。结合学校学科核心素养评价标准，多次深入修改，确定解决策略，通过平台共享。④自主备课，深度适配。协备人进行教案复用，结合班级学情进行增减，形成个人实用教案。

通过实践，我们感受到网络协同备课很好地提高了工作效能。

全程再现，提高备课效能。网络的便捷和现代科技发展都帮助着教师，他们会经常去看一看自己的建议或意见有什么反馈，对自己设计的环节，大家的评价如何……进而教师个人的自主备课积极性就提高了，质量也有了保证。同时集备的时间、人数不再受到限制，每一次的批注就相当于两人或几人的小集备，大家可以随时参与，集思广益，互助互惠，使智慧高效融合，再借助及时反馈、动态评价的功能，使得集备的效能也得到极大提升。

全程跟踪，提高管理效能。整个备课过程中，无论是主备人还是协备人，他们在备课系统中的每一步操作都会被系统记录，系统对于上传、批注等使用情况都有详细的统计，领导可以随时调阅并进行量化评分和具体评价。以五学年组为例，截至目前，共发起协同备课 223 次，定稿 196 次，正在进行 27 次。某位教师被批注数 65 次，批注数 31 次，参与协同 35 次。备

课过程中的各项数据统计由系统自动生成，使得教学领导可以把更多的精力投入到批注质量和教学指导上，提高了备课管理的运作效率。由此可见，网络协同备课提升了教学管理的自动化过程，实现了教学管理的全程参与。

教育是花儿的事业，教师是花儿下的土壤，竭尽所能让花儿成长。为花的尽情绽放蓄积能量，是管理者的责任，任重且道远。

语文综合性学习的认识与实践

2008 年 10 月

《课程标准》把“综合性学习”纳入语文课程结构体系之中，同“识字与写字”“阅读”“习作”“口语交际”相并列，构成语文课程内容的有机组成部分。这是新课程中的一个全新的创造。这样的设置，可见综合性学习的重要性。综合性学习充分体现了语文课程的两大特点：综合性与实践性，它使听说读写自然而又有机地融合在一起，使学生的语文基本能力得以发展。它从学生的需要出发，真正做到了以人为本，在广阔的学习空间中、在丰富多彩的语文实践中提高了学生的语文素养。综合性学习是以语文课程的整合为基点，加强语文课程与其他课程的联系，强调语文学习与生活的结合，以促进学生语文素养的整体推进和协调发展。

一、语文综合性学习的内涵

我们把语文综合性学习界定为：以培养学生的语文素养乃至整体素质的全面发展为目标，通过优化语文学习环境，整合语文学习资源，努力构建课内外联系、校内外沟通、学科间融合的语文教育体系，采用以自主、合作、探究的学习方式为主的丰富多彩的语文实践活动，拓宽学生语文学习的内容、形式和渠道，使学生在广阔的空间里综合运用各学科的知识和技能，促进学生语文知识的综合运用和听说读写能力的全面发展。

二、语文综合性学习的特点

“语文综合性学习”是以拓宽学习空间、增加实践机会、培养创新精神和实践能力为目的，以语文知识的综合运用、听说读写能力的整体发展、语文课程与其他课程的沟通为原则的语文学习过程。它有以下几个鲜明的特点。

1. 综合性

语文综合性学习的设置基于语文学科的综合性特点和人的全面发展的需要。从《课程标准》对各学段阶段目标的阐述上，可以看出综合性学习中“综合”的含义是指学习目标、学习内容、学习方式的综合。在学习目标上，既包括“识字与写字”“阅读”“写作”“口语交际”的综合，又包括“知识与能力”“过程与方法”“情感态度与价值观”三个维度的综合。在学习内容上，体现自然、社会、人文领域与语文课程内容的综合，还包括与其他课程以及生活的联系。在学习方式上，既是书本学习与实践活动的综合，又是接受学习与体验学习的综合；既是课内学习与课外学习的综合，又是个体探究与合作研讨的综合。即语文综合性学习沟通了听说读写，沟通了语文课程与其他过程，沟通了课内与课外，沟通了书本学习与生活实践，是一种综合化的过程。它引导学生综合运用语文知识去分析问题、解决问题，有利于促进学生语文素养的整体提高，有利于学生的知识能力与情感态度、价值观的协调发展。

2. 实践性

语文是实践性很强的课程，强调的是把学到的基础知识、掌握的基本技能应用到实际生活中去，并学以致用。在实际生活中运用语文知识的同时，可以促进学生对社会文化、人文精神、社会发展等若干问题的思考，从而加深对知识内涵的理解和掌握，具备最基本的语文素养。

无论是运用语文知识和能力解决生活中的问题，还是策划简单的校园活动；无论是利用图书馆、网络等信息渠道获取资料写简单的研究报告，还是用文字、图表、图画、照片等展示学习成果，都强调学生的参与和实践。

3. 学科性

语文综合性学习是一项语文学习活动，它的根本还在“语文”，即不管我们的学习活动涉及哪个领域、哪门学科，采取哪些方式，其落脚点都在致力于学生“语文素养”的形成和发展，而不是对其他学科知识的掌握。正如《课程标准》指出的那样，开展语文综合性学习，在于“拓宽语文学习和运用的领域，注重跨学科的学习和现代科技手段的运用，使学生在不同内容和方法的相互交叉、渗透和整合中开阔视野，提高学习效率，初步获得现代社会所需要的语文实践能力”。如以“昆虫与古诗”为主题让学生学习，尽管学生在收集、理解古诗中描写昆虫的诗句，或者创作新的昆虫诗时，需要到生活中去观察昆虫，了解它们的生活，但其目的在于让学生了解语文与生活的联系，培养自己阅读理解与表达交流、搜集和处理信息的能力，而不是获取关于昆虫的生物知识。

4. 主体性

既然语文综合性学习是一种学习，而学生是学习的主人，那么综合性学习应突出学生的自主性，重点培养学生积极主动的参与精神。在综合性学习过程中，学习内容由学生确定，学习方案由学生设计，学习活动由学生组织，学习过程中出现的一切问题由他们自主解决或在教师指导下解决。学生既是综合性学习的决策者，又是综合性学习的实施者，教师主要起指导和组织管理的作用。

5. 生成性

语文综合性学习的教育目标具有生成性，目标在活动过程中生成。尤其是涉及审美体验、情感态度、价值观等非智力因素的发展是在活动过程中实现的，是在主客体的交互作用下由主体自我建构而成。教师要善于对教育目标进行调整，而不能固守既定的教育目标。比如在“这就是我”综合性活动中，教育目标除了锻炼学生口语和交际能力外，在活动中我们还可增加以下几方面的内容：通过学习活动，让学生反思自己的成长过程，珍重生命，进而发现、体悟生命的价值；展现自己的个性、特长、兴趣爱好，在寻求别人理解的过程中理解别人，进而学会共处；在各种情景中，学会调适自己的角色，包括言行举止，学习在各种社会活动情境中发展自己、得体地推荐自己。这样，在活动过程中又生成了新的教育价值。

三、“语文综合性学习”的开发设计与具体实施

（一）语文综合性学习的开发与设计

语文是一门综合性很强的基础课程，这种综合性表现为语文教材内容包含自然、社会、历史、艺术等多学科的整合，包含学生听说读写能力的整体发展等。小学语文综合性学习不是一门学科，所以它既没有教材，又没有学科学习严密的系统性和顺序性。全新的课程，没有固定的教材，没有固定的学习方式，学习的空间没有范围，这让许多教师有一种无从下手的茫然。如何有效地组织与指导综合性学习成为教师当下急需解决的问题。

《课程标准》在综合性学习的教学建议中提到：“在教学中努力体现语文的实践性和综合性，沟通课内外，充分利用学校、家庭、社会等教学资源开展综合性学习活动，拓展学生的学习空间，增加学生的语文实践的机会。”我们可以从以下几个方面进行开发与设计。

1. 关注语文教材

（1）用好教材。教师首先要善于利用教材中已有的语文综合性学习资源。五年级第十册教材共安排了两个综合性学习，一个是一单元的“选编作文集”，我校的姚老师带领学生们收集自己满意的作文，分类整理后，为作文集写一篇序，然后做出目录，装订成册，起一个自己喜欢的文集名字，并动手制作漂亮的封面。我们看到学生们在这次综合性学习中得到新的锻炼，如目录编排上各具特色，有一个学生的目录是把作文按时间排列：初入继红、放松期间、重要阶段、忙碌时期和临近毕业；有的学生按体裁分类：写人篇、写景篇、写事篇、写物篇、写事篇、写信篇和想象篇；还有的学生按作文内容不同分类：物语点滴、人物素描、往事如烟、七嘴八舌和环

游世界。

另一个是五单元的“我们与周围环境”的调查，由学生自由组成调查小组，先制定调查计划，再按计划开展活动。用写调查报告、办小报、画图表等方式展示调查结果，并通过写建议书等方式积极解决问题。我校赵老师在语文综合性学习过程中，善于挖掘教材中已有的资源，合理利用，提出了“我爱家乡哈尔滨”的题目，让学生通过社会调查，通过上网查阅资料等方式，对自己生活的家园——我们的家乡哈尔滨有更深入了解。还引导学生发现家乡哈尔滨的现存问题，认识到所存问题的危害及成因，引导学生合作探究解决问题。在这样的语文综合性活动中培养了学生调查、分析和解决问题的能力、语言表达能力、收集处理运用信息的能力、科学观察的能力，使学生更热爱自己的家乡，认识到环保的重要性，增强了学生责任感。在课前的调查中，教师与学生一起商议分组，全班分为“哈尔滨特色”“哈尔滨的历史、文化”“哈尔滨的污染情况”“哈尔滨的绿化问题”和“哈尔滨的交通问题”等几个小组进行调查，收集和整理分析相关信息。然后让学生在课堂上将各自的调查所得进行交流互动，并积极想办法解决问题，有的小组想到画宣传画反映绿化问题，有的小组给市长写信解决交通问题，有的小组办报纸解决噪音污染问题，还有的小组同学当了一次小小发明家，发明了几种处理垃圾的机器，解决垃圾污染问题。最后学生们达成共识，要从我做起，从现在做起，相信在所有哈尔滨人的努力下，我们的家乡天会更蓝、水会更清、草会更绿、城市将会更美！

（2）巧用教材。教师不但要用好教材，还要创造性地使用教材，善于从教材内容延展出去。如在教学《三克镭》之后，学生对于像居里夫人这样的名人产生了浓厚兴趣，我校的苏老师抓住契机，提出了“点击名人”的综合性学习内容活动，引导学生读名人传记，让学生从书中选择感人的小故事，并以自己喜欢的方式进行汇报。将阅读、朗读、表演、写作表达等语文训练融汇其中。

我校潘老师曾经结合五年级对古诗的整理复习，开展了主题为“我最喜欢的诗人”的语文综合性学习活动。在这节课上，学生们把几年来熟悉的、喜欢的诗人及诗歌一一复习，细细体会诗人的创作风格，了解每个时代诗人创作的大背景，在兴趣盎然的氛围中进行了大信息量的高效学习交流。还有“美丽森林”“话说春联”等语文综合性学习都是在语文教材的内容中拓展开去，紧密结合学生的实际感受把题目研究深入，打开学生的视野。再如五年级有这样一个单元编排了《将相和》《草船借箭》《景阳冈》和《猴王出世》这几篇课文，针对这几篇课文，我校教师就采用不同的策略开发出了不同的语文综合性学习资源。

在学习《景阳冈》后，张老师针对文中精彩的场面描写和学生进行了有滋有味的赏析，还和学生做了有趣的顶球游戏。游戏之后张老师和学生一起看了录像，学习文中的写作手法，尝试创作顶球游戏的场面描写。教师充分挖掘了教材的可利用资源，《读〈景阳冈〉，写 ×××》别具匠心地把语文阅读和写作的训练内容加以综合，互相促进。像这样把阅读和写作紧密结合的课例还有很多，如我校教师在教学自主开发教材中的课文《天晴了的时候》中，在学生对诗歌读得有情、悟得有味时，指导学生拿起笔写出自己描写春天的诗歌，并把创作的诗歌集结成册。

有一个学生在自己的序里写道：“春天是个多愁善感的季节，是个充满希望的季节，是个孕育生命的季节，是个成长的季节。微风、雨露、树木、花草，一切的一切，都很自然、宁静。告别了都市喧闹的声音，其实大自然十分美好。听听小鸟的歌唱，闻闻久违的花香，其实早就应该这样！轻轻翻开这本诗集，看着那工整的字迹，你会发现——它没有奢侈的包装，华丽的辞藻，没有什么不寻常。但是，那种说不出的感动却在心头荡漾。一句句最亲切最朴实的话语，会触动心灵深处最柔软的地方。”

还有两篇写得也很好。

《在万物复苏的时候》：“在万物复苏的时候，小草抽出新芽，花儿开始萌动，就连结冰的小河，也正欢乐地流淌。飞翔在天空中的燕子，正在寻找春的气息，鹅黄的迎春花，正装点每一寸美丽的土地。在冬天枯萎的小树，已抽出嫩绿的小芽儿，吮吸春天甘甜的雨露，还把自己看作春的'顶梁柱'！在万物复苏的时候，春姑娘也在忙碌——她要滋润一片肥沃的土地！在这个时候，万物在悄悄地绽放！绽放！”

《春天》：“春天到了，又一次美丽季节的访问开始了！黎明时，花叶上滚动着露水，滴答，滴答，春风吹过，唤醒了沉睡许久的大地，也给空气换上了新衣，它用五彩的梦编织着未来。温馨的春夜里，繁星的光芒指引我回家的路。春天的阳光照着大地，照着每一株嫩绿的草，也照着我，那是会留在记忆里的一页。春天，如此平凡，如此朴实，平凡与朴实中带着生机，让我珍惜，每一片绿叶一样的日子。”

读着这群学生充满童稚的文章，走进充满绿色的春的殿堂，张开双臂，同燕子一起飞翔。可能学生的诗歌并不是最好的，但一定是最真实的，他们用自己独特的视角，诠释着自己心中的春意！虽然学生即将毕业，可是祝福却会在这一本诗集里留下永远的印记。多少年后，大家也许会想起，在小学即将毕业的几个月里，曾经带着对春天的憧憬与希望，带着对大自然的热爱写出了向往。相信这本诗集会给所有的读者留下不一样的印象！

在教学《草船借箭》之后，我校的丁老师带领学生一起读三国、论三国、看三国（电视连续剧），在“走进三国”综合性学习活动中，设计了一系列的活动：

①仔细阅读少儿读本《三国演义》或有关《三国演义》的导读。

②开展“小小三国迷”竞赛活动。由学生自己主持，教师协助用多媒体播放题目，以检查学生的阅读效果。

③说说阅读时遇到了哪些问题，现在已经解决了什么问题，是怎样解决的？提出未能解决的问题，师生共同商讨解决方法。

④“心目中的三国英雄”。引导学生评析书中人物，通过开展辩论活动，

让学生学会全面评价人物。

⑤搜集由《三国演义》故事演变而来的成语或歇后语。

这样的专题性课外阅读综合性学习活动，不仅拓宽了学生的视野，使学生受到经典文化的熏陶，而且有利于培养他们的问题意识、主动探究和自学自育的能力。

2. 关注学科融合

语文学科的特点是工具性和人文性的统一。语文的学习不应是语文本身知识的传授，而应是各科知识的综合运用。以往学科的细化和封闭，缺乏横向联系，难以形成教育合力，阻碍了学生思维的发展，压抑了学生的个性。因此，必须在各学科之间架起桥梁，从语文学科延伸到数学、自然、社会、艺术等学科之中，实现学科与学科的融合，强调运用各学科知识来探寻知识，注重学生知识视野的开拓，真正实现语文知识的综合运用和听说读写能力的整体发展，从而全面提高学生的语文素养。在语文八册教材中，我校教师在教学《草原》一课后，开展了以“走进草原”为主题的综合性学习：

（1）收集有关草原的资料，了解“我国的草原主要分布在哪儿”“其中哪儿的草原最大”等问题。（这几个问题的设计，有利于语文学科与社会学科知识的联系）

（2）学生根据自己的兴趣爱好，选择不同的方式（吹、拉、弹、唱、写、画等）歌颂草原。（可让学生展示自己在音乐、美术等课上学到的技能、特长）

（3）合唱《美丽的草原我的家》，欣赏本班学生自编自演的舞蹈。

（4）对如何爱惜、保护大草原展开讨论。（涉及自然科学等知识）

系统论告诉我们，一个系统只有开放，不断地和外界进行物质、能量、信息的交换，才能从无序到有序，从低级走向高级。语文综合性学习中，将语文学科与其他学科的联系密切起来，能有效地培养学生的创新能力，提高语文学习效率。

3. 关注学生生活

语文教育是母语教育，学生学习语文具有对本国本民族的文化背景熟悉的先天有利条件，身处使用这种语言的社会环境之中，有丰富的学习资源和大量的实践机会。美国的一位教育家说："语文学习的外延等于生活的外延。"生活是语文的内容，语文是生活的工具。古人说的"读万卷书，行万里路"说的就是这个道理。语文课程要扩大语文学习资源，拓宽语文运用的时空领域，树立大语文教育观念，立足于语文学习和社会生活之间的天然联系，让学生走进生活、走进大自然，强调学生的亲身经历，要求学生参与到社会实践的各项活动中去，在"做""考察""实验""探究""体验""创作"等一系列的活动中观察生活，体悟人生。

我校教师从"源于学生兴趣"和"着眼学生需要"两个方面将语文学科与学生生活很好地结合起来。

（1）源于学生兴趣。《西游记》中孙悟空是学生们喜爱的形象。充满创意和挑战的广告宣传语也在这个信息高速发展的社会成为学生们每天接触和乐于传递的语言元素。基于以上原因，我设计开发了"我帮孙悟空"的语文综合性学习资源。把学生喜闻乐见的孙悟空形象与生活中常见的广告宣传通过"仙桃一号"联系起来，让学生能够兴致盎然地进行创作，学以致用。像"中国茶文化""中国食文化"和"名字的趣闻"等语文综合性学习都来源于学生最感兴趣的生活话题。

（2）着眼学生发展。读书看报是一个人终身实践的一种语文活动。如何养成良好的读书看报习惯，应该怎样读如何看，报纸杂志中到底蕴含着多少知识，这也是一个着眼于学生终身发展的语文综合性学习。于是我校周老师开发了"看报纸""看杂志"系列语文综合性学习课程。在"看报纸"一课中，学生实实在在地感受到了什么是大语文观，激发了学生关注社会、关注生活、关注时事、关注前沿科技动态的兴趣。在"看报头"中，学生了解到可以从报纸中了解当日的日期、农历的日期、星期、天气等日常生活信息，并且认识了总期、版数、定价、刊号、发行单位和相关网址等内容。“看头版头条”了解当天或近期最重大新闻消息。“看新闻”这一活动中，教师充分尊重学生的阅读兴趣，了解不同学生的阅读类型，加以恰当引导。“读新闻”这一学习活动，把语文学习中的朗读训练与新闻播报相结合也相区分，读新闻要语调语速平稳、声音清楚、发音准确，能清晰地表达出新闻内容及其重点。就像教师在课上小结时说的那样：“通过这次活动，想告诉同学们的不仅仅是怎样看报，更重要的是为了说明语文课堂是有限的，而祖国的语言文字却于生活中无处不在。希望学生们能善于在生活中学习，而不仅仅是在报纸杂志中学习，这样才能尽知国家大事，纵览世界风云！”这样的语文综合性学习是在为学生的一生着想，为学生一生的语文生活打好基础。

4. 关注社会时事

除了我们谈到的一些生活中的问题外，还有一些社会热点问题也是一个视角，学生会通过电视、报纸、网络获得许多信息，在他们平时的言谈中，也经常涉及社会热点问题，教师对其加以及时引导，结合学生的需要，开展综合性学习，也会收到很好的效果。如我校一位教师就组织全班进行了主题为“关注非典”热点问题的讨论。首先让学生根据自己想要了解的问题，通过网络搜索信息，获得自己需要的资料，然后让学生把这些资料加以整理，在网络交互环境下贴到专门的主题帖子下面。这样，每个学生不仅获取了不同的信息，而且还能在主题帖子下浏览到别人的信息，发表自己的看法，他们的信息量在交互中十几倍地增长，收益颇丰。接着，教师进一步激发学生公民意识，让学生通过写信的形式表达自己的意见和看法，有的写给抗击在非典一线的白衣战士，有的写给发“国难财”的昧心商人，有的写给正在病痛煎熬的非典病人……

关注社会时事，可以培养我们的学生关心社会、关心环境、关注国家乃至世界发展的意识，真正使学生放眼世界。

（二）语文综合性学习的具体实施

教无定法，语文综合性学习的实施策略也是百花齐放，各有不同。经过一段时间的实践，我校教师摸索出了一个主题和一节课的一般实施步骤。

1. 主题单元四步骤

如我校董老师开发的语文系列综合性学习内容“中国传统文化”中的“中国食文化”，教师和学生利用一个月的时间，查资料了解中国食文化内容，搜集有关文字、图片，把研究结果在小组内进行汇总，并确定一个方面做深入研究。帮助学生感受中国食文化的魅力，能用所掌握的知识为家庭、为他人、为学校解决实际问题，并在生活中继续关注和创造。主要经过了以下几个过程：

（1）问题产生。研究问题的提出是在学生“爱吃什么”的问卷调查中发现的，调查问卷显示多数城市学生选择了肯德基、麦当劳等洋快餐，而对自己民族的传统饮食文化知之甚少，也缺乏认同感和自豪感。“我们中国自己的食文化到底是什么？”学生们问卷中呈现出的问题不由得引出疑问，从而产生了我们所要进行的综合性学习活动主题——“中国食文化”。

（2）自主学习。问题提出后，教师为学生提供几个研究了解的方向，如食之有道，让学生去搜集、阅读与感受描写与吃有关的文章、诗句，从语言文字中感受食文化的魅力；食之有趣，学生们在众多的关于吃的传说趣闻中感受食文化的魅力；食之有谱，学生们在菜谱中发现亮点，了解起菜名也是很有文化意蕴的；食之有味，让学生们大饱口福。除了要做家人朋友的关于口味的问卷调查，还要亲自在家或者去饭店品尝、感受。学生们用了半个多月的时间进行问卷的收集和整理，资料的查找、筛选和处理，甚至去特色的东北地方菜馆进行实地采访和录像，就为了把最真实的资料呈现出来。在充分开放的时间和空间中，各种学习方式、获取信息的不同途径和信息最后的呈现方式都满含着学生的个性特质。有的学生带来了在饭店拍摄的采访短片，有的学生讲述了有浓厚文化底蕴的传统菜肴的典故趣闻，还有的利用多媒体课件展示了中国八大菜系的特点及代表菜肴……

（3）课堂生成。学生的自主学习成果要在一节课（或者时间更长）上集中交流汇报，教师积极引导互动，抓住其中的语文训练点进行拓展学习。如学生汇报菜名后，教师即引导学生进行了两个有趣的活动：一是听菜名猜是什么菜，二是看菜起菜名。“月是故乡明”“群英荟萃”“荷塘夜韵”“珠联璧合”等充满文化情趣的菜名在课堂上即时生成，创意迭现。

（4）课下延伸。从生活中来还要回到生活中去，不能仅仅把课堂作为一个结束。如何让相关的语文素养回归生活中、有益于生活，这是语文综合性学习的一大任务。因此，为食堂设计菜谱、为家人提供饮食建议是语文学习生活的一个体现，也体现了语文综合性学习的实践性。

教师和家长都反映学生在此学习过程中表现出空前的热情，因为学习的内容更丰富了、有趣了，离生活那么接近，就在生活中！这是让他们兴奋的。他们到饭店去抄菜谱、要菜谱，到网上、书店里去查各大菜系和名人谈吃的书籍、资料，到街上访问路人爱吃什么，整理出调查报告，又用电脑制作成演示文稿……其中的付出是很多的，可是他们仍然精力充沛、兴趣盎然，是生活巨大的资源库让他们觉得课程改变了文字、书本的单一面孔。综合性学习活动是要以生活为背景、以生活为资源、以生活为最后的落脚点。

2. 课堂呈现三阶段

下面我结合我教学的“我帮孙悟空”说说语文综合性学习的课堂实施一般阶段。其可分为三个阶段：进入情境阶段、实践体验阶段、表达交流阶段。这三个阶段并不是分开的，而经常是相互交叉、交互促进的。

进入情境阶段：本阶段首先要求教师为学生创设一定的问题情境，布置研究任务，目的在于做好背景知识的铺垫，激活学生原有的知识储备，提供研究范围，诱发探究动机。本课开始，我首先为学生创设学习情境，从学生们喜欢的角色——孙悟空引入学习对象，并层层深入到读“仙桃一号”的产品介绍，推广“仙桃一号”，创作广告宣传语。

实践体验阶段：在确定活动方案以后，学生要进入具体的解决问题的过程，通过实践体验，掌握语文知识，形成能力。教师在这一阶段要针对学生的实际，指导学生积极参加到活动中来。这一环节要求学生在小组内一起创意、互相启发、共同完善、创作广告词。我们看到学生在短短的时间内能够创作出妙趣横生、让人赞叹的广告宣传语，正是他们能够将前面阅读产品说明的阅读体验和平时看到的广告语言综合运用的体现。

表达交流阶段：在这一阶段，学生将自己或小组经过实践、体验所取得的收获进行归纳、整理、总结提炼，通过相互交流、研讨，与同学分享成果，这是语文综合性学习课堂不可或缺的一个环节。学生在互相评价中提高了语言鉴赏能力，更学会了如何更好地借鉴他人完善自我。

（三）对语文综合性学习的反思

每次语文综合性学习后，我们都要善于反思，回望学习活动的得与失，优点与缺憾。就拿本节“我帮孙悟空”为例，进行简短反思：

本课较好地体现了新课程的理念。

1. 着眼于全面提高学生的语文素养

《语文课程标准》设计的课程目标是面向全体学生，力争使每一个学生都具备基本的语文素养。在本课的“读产品介绍”“写广告宣传语”等环节中，不仅有对学生进行听说读写能力培养的内容，还包括了“语文素养”的各个方面，如积累、语感、思维、文化品位、信息视野、审美情趣和情感态度等内容，尤其对学生创新能力的培养做了一些尝试。

2. 强调“三个维度”

具有丰富人文内容的语文课程对学生的情感、态度与价值观的影响是广泛而深刻的，这些内容也理当成为语文教学的重要内容。在教学中，要注重熏陶感染，潜移默化。“我帮孙悟空”一课中一个“帮”字贯穿始终，让学生们在不知不觉中感受到助人为乐的愉快，在课尾引导学生宣传家乡的特色，又渗透着爱家乡的情感教育。

3. 积极倡导自主、合作、探究的学习方式

本课中的自主阅读、选读、小组合作创作等活动的设计，都发挥了学生的自主性，锻炼了学生的合作和探究能力。

4. 尊重学生的个性思维，鼓励学生的创新思维

语文教学要注意语言的积累、感悟和运用，注重基本技能的训练，为学生打下扎实的语文基础；同时也要注重开发学生的创造潜能，促进学生可持续发展。就本课的阅读活动而言，本着“要逐步培养学生探究性阅读和创造性阅读能力，提倡多角度的、有创意的阅读，利用阅读期待、阅读反思等环节，拓展思维空间，提高阅读质量”的思想，设计立足发展学生个性，进行个性化的阅读，选读产品说明、创作“仙桃一号”广告宣传语的活动都在强调尊重学生独特的情感体验和创造性地理解与表达。而实际情况也说明，我们能时常惊喜地发现学生们创造的火花。

在语文教学中开展综合性学习，就其实质而言，就是培养学生自主学习的能力和语文综合素养，从而促进学生的可持续发展，为学生的终身学习提供一个扎实的基础，使其现有的语文知识得到整合与拓展，使其语文能力和语文知识在生活实践中得到充实和应用，并借助语文学习的平台，形成正确的价值观，张扬个性思维，发展创新思维和可持续学习的能力。

架快乐之桥，建生命课堂

2002 年 11 月

课改走进我们的生活已近一年，随着时间的推移、课改的深入，我们在体验课改的魅力的同时，也感受到了老师们能力不足的无奈。改观念、改教材、改教学方式、改评价办法……一连串的“改”在初始的新鲜与兴奋过后，更需要的是我们冷静的思考、正确的引领、能力的提高。我们在思索，如何搭建一个平台、架起一座桥梁，让教师们互相学习、互相启迪，发挥团队精神，资源共享，产生 1+1 大于 2 的效应；我们在实践、探索新的教学方式，寻找教学最佳切入点，实现师生与文本的平等对话，试图让学生们在无痕的育人氛围里学到终生受用的知识；我们在收获，收获教师的快乐，收获学生们的成长，收获课堂中的深情厚谊。

一、 架起师师共享的桥梁，在共享中提升理念

课改对于每位教师来说都是全新的，充满着挑战和不确定性，在没有权威、没有经验、没有模式的情况下，全体教师的共同摸索碰撞更显得弥足珍贵。创建“研讨型的校园文化”，使学校成为教师向往的求知乐园，是我们工作的重点。为此我们为教师的学习、交流搭建多个有效的平台。每月的新观念、新案例研讨是各级骨干再提升的平台；周二例会上的专题报告、特色介绍、课改动态是全校教师获取最新思想，分享实践快乐的大平台；每天的教后反思是新一年实验教师品尝实验快乐，反思实验得失的平台；师徒结对则是骨干教师与青年教师最受益的共同研讨、共同提升的小平台……这样的学习交流平台，大有大的气魄，小有小的个性，使学校教师在不同层次上更好地走进课改、参与课改……

比如骨干教师姚丽娟和青年教师董晓烨是我校“师徒结对”中的一对师徒，她们在走进课改短短的一年里共同经历着、体验着、感悟着、收获着，也探索着……

徒弟说：“师傅让我感受到了教育蕴涵的魅力！”年轻的董老师在师傅身上看到了许多自己想都没有想到的东西，原来教育工作那么具有挑战和创新的空间。“师傅很累，也很快乐。”姚老师对教育工作的认真、一丝不苟让这个做徒弟的惊叹，从作业的批改到学生素质报告单的创意，从匠心独具的数学、语文综合实践活动到殷勤叮咛的《致家长的信》，从激情飞扬的师德演讲到朴素动人的教育随感……师傅点点滴滴的教育实践都是最好的语言，让董老师领悟到教育是需要教师自己给自己多些压力、多些动力的，在这个辛苦中才能真正品味到教育的魅力！

师傅说：“徒弟为我敞开了网络研讨的大门！”好学的姚老师从未停止过对教育的新追求，当她上过研究课后，总是要虚心地向徒弟询问教学的长短优缺；当她把文章汇集成集子后，总是要认真地向徒弟征求阅读心得；甚至徒弟上过课后，她会提醒徒弟把教学设计、设计意图、教学反思等整理好。年轻的董老师告诉她：“师傅，我都发到网上了！我们可以和更多的老师进行讨论！”姚老师听了马上开始了网上教研的新尝试。网络果然是个更广阔的世界，在这里师徒不仅可以第一时间交换彼此的教育心得，讨论教育得失，还可以和全国各地的教师互相学习，共同分享。虚心而勤奋的姚老师在网上开始了与徒弟的新探索，她们几乎每日都进行各自的教育教学反思，并把感悟整理发表到网上，与网上教师积极互动起来。网络的宽广使师徒的眼界更开阔起来，她们得到了与南岗教师进修学校宋校长等各位教研员交流的机会，她们得到了与各位同行一起经历困惑思考与收获喜悦的体验，她们甚至得到了与李镇西、孙双金、苏静等全国知名教师推心论谈的机会……网络向她们呈现了一个全新的课改互动空间！

教师的快乐来自于教学中源源不断的挑战与分享，我校的一对对师徒、一位位教师在大大小小的平台上展示着自己，充实着自己，体验着成长的快乐。

二、架起师本对话的桥梁，在对话中实现创新

新课程提倡教师要“以人为本，创造性地使用教材”，这已成为广大教师的共识。但是正确的认识转变成教学行为需要教师付出艰苦的创造性劳动，没有教师对教材的精心分析和再创造，就不能跳出照本宣科的教书匠式的工作模式。在引领教师与文本对话，在对话中实现创新的过程中，我们经历了由过去教教材、走教案、按部就班的程序化教学，到后来的努力挖掘教材的潜在因素，敢于对教材进行重组、修正或置换，“以本为本”的教学，发展到现在“以人为本”的关注式教学，即教一课要关注这一个单元，关注这一册书，关注这一类知识的学法；学一课要关注学生的兴趣需要，关注学生的最近发展区，关注学生的一生成长。

如我校张凌晨老师在阅读教学中尝试着去寻找一种阅读的原生态，就是每一个普通人在通常情况下阅读的状态，试图传授或力图让学生自悟一些能在今后阅读中有更多收获的学习方法。教师的教学是为学生在生活中进行真正的阅读做准备。例如第八册中《鲸》一课，传统教学中教师需要讲解的知识点很多，一节课下来，学生疲于应付，随着时间推移，能记起来的寥寥无几。新课程中再讲《鲸》，教师则是先出示文题，让学生看文题提问，接下来请学生初读课文寻找答案，互相交流。这个环节能解决一部分问题，可能还有一部分没解决，然后再深入阅读，解决其中的一部分。在交流中可能又产生新的问题，通过阅读课文已无法解决，老师就要引领学生寻找各种途径去解决问题或关注相关领域是怎么研究的。这样的教学，学生不仅学懂了一课，带动了一单元，牵引了一册书，而且更重要的是体悟了一种阅读的方法，在今后的学习中能举一反三、触类旁通。

再如李志海老师在讲授五年级教学百分数这一单元内容前，通过调查了解到班级大多数学生在生活中都接触过百分数，对百分数的知识已有所了解。如果还是按部就班地进行教学，学生不但会被动重复，还会挫伤学习的积极性。当时正赶上 NBA 大赛，姚明有希望成为新秀，受到中国人的普遍关注，所以李老师安排了以 NBA 为情境的主题式教学，贯穿整个单元。通过计算投篮命中率，教学百分数的意义；通过运动员前后技术统计对比，教学百分数的应用；通过调查运动员的收入，教学利息与纳税。教学时李老师让学生展示自己的已有知识，继而探究出新知识。学生作为主体主动参与、主动思考。由于 NBA 这项体育活动中的数学知识与本单元百分数联系甚为紧密，它那紧张、刺激的竞赛场面吸引了众多球迷，包括我们的学生，所以学生们在学习过程中始终情绪高涨，积极参与。这一单元的系列教学，关注了学生的兴趣需要，学生不仅掌握了百分数的知识，还学到了许多书本以外的东西，更重要的是他们学会了运用数学思维解决问题的方法，这为学生的终身可持续发展奠定了良好的基础。

三、架起师生体验的桥梁，在体验中快乐成长

“Hands on”是动手做的意思，它是美国课改后兴起的一种新的学习方式，它注重儿童主体性的探索与发现过程的经历，使儿童在体验中理解知识、掌握方法、学会思考、懂得交流、发展情感。在实践中，我们也深深体会到，唯有发自内心的真情，才会产生巨大的动力，唯有倾心投入的体验，才能让学生快乐地学习。

如一年级的数学教材中购物这一单元《买文具》一课的教学，是让学生初步认识人民币，知道人民币的换算。看似简单的内容对于一年级学生来说却是不简单的一课，任志华老师在教学时设计了让学生“自己取人民币”和“自己拿钱买票”的活动。因为学生对人民币的认识，不是靠讲和听学会的，而是在对人民币的使用过程中完成的。在“自己取人民币”的活动中，学生凭借已有的经验和认知基础，可以按照自己的思考在小组的游园费中，拿取“5 元 5 角”。在小组活动中，通过看其他同学拿的 5 元 5 角，对人民币的组合有了更直观的了解。在“自己拿钱买票”这一活动中，学生首先要思考买几元几角的票，付多少钱，应该找回多少钱，正是在这个过程中，学生切实体会到了人民币换算的必要及换算的方法。课堂上学生参与了、思考了、收获了，也体验到了知识的形成过程。让学生在活动中体验知识的形成过程，其实就如同学生对自行车的了解、认识是在骑自行车的过程中逐步深化的一样。“你听了，但是你忘了；你看了，把它记住了；你做了，你才真正理解了。”

再如四年级美术教材有一课《街市》，这节课主要是通过画街市情景，提高学生观察力、记忆力、想象力和绘画创作能力。这是幅人物画，有一定的难度，而且比较枯燥。按照以往注重构图和人物刻画的讲解，教学方式无非是介绍、欣赏、分析这么几个环节，学生既不感兴趣，又不喜欢画。杨秀巍老师在讲这课时改变了方法，出示课题后先来问学生：“看到这个词，你能联想到什么？”学生回答后又提出一个问题：“你能不能用一个词语或一句成语来概括街市？”学生兴奋起来，七嘴八舌地提出自己的想法：喧闹、嘈杂、人声鼎沸、来来往往、热闹非凡、川流不息……这样，一开始就调动起了学生的积极性。然后让学生讨论，分组表演一个街市的情景，时间不超过两分钟。这下学生兴奋极了，迫不及待地开始讨论、准备。学生的表演才能令教师大为惊叹，他们有表演街市上烤羊肉串的、卖衣服的、卖水果的、卖小吃的，有表演顾客讨价还价、小贩强买强卖的，甚至还有的小组同学表演了执法人员街头执法的情景。学生自己准备的道具也令人叫绝：把跳绳绕了几圈做兰州拉面，在铅笔盒上放上一排笔，加上垫板来表演烤羊肉串……学生表演的热情空前高涨，下面的观众看得津津有味，课堂气氛十分热烈，教师不失时机地表扬了学生的观察能力，并通过总结表演的情况让学生明白了取舍关系等构图知识。经过了表演，学生作画时兴趣盎然。

体验是学生积极的心智活动，学生在体验某种境界、感悟某种事实、推测某种结果的同时，会把一个陌生的概念变为熟悉的事物，会把一个外在的对象内化为经验，会把一个与自己无关的事件抽象为一定的理念。在体验中，创新的精神得以唤醒，灵感的火花得以迸发，富于个性的思维得到升华。

叶澜教授曾说：“教育是直面人的生命、通过人的生命、为了人的生命质量的提高而进行的社会活动，是以人为本的社会中最体现生命关怀的一种事业。”教育不仅能完善生命，教育自身也将因此而富有生命。把教学提升到生命层次，使教学过程成为师生的一段生命历程、一种生命体验，使师生的成长充满浓浓的人文关怀、勃勃的生命活力，这是新课程教学的最高境界，也是我们继红小学的不懈追求。

研究之路

走近教师，走进团队

发挥名优教师辐射作用 构建继红特色团队

——基于问题研究开题报告

2005 年 12 月

一、问题的提出

1. 学校的发展构想与已有的研究基础

前一阶段，我校研究的问题是“培养名优教师，打造继红教育品牌”。历经了一年的研究实施之后，在名优教师的培养目标、实施措施以及管理、激励机制等方面，积累了有益的经验，一批名优教师迅速成长起来，为教师群体专业素质的提升起到了积极的引领、带动作用，越来越多的教师以名师为榜样，向着专业化的方向努力。名师的成长在于实现自我的超越，更在于带动教师团队的发展。为此，学校将充分发挥名师资源优势，构建富于特色的教师团队，进而向整体协同发展的方向努力，打造继红教育品牌。

2. 教师团队现状分析

（1）各学年（科）组教师团队名优教师比例与人员素质现状。

我校现有各级骨干教师 84 名，较均匀地分布在全校 12 个学年学（科）组中。在班主任学年组中，骨干教师所占的比例为 53.2%，在科任学科中，骨干教师所占的比例为 59.7 %。其中英语作为一门新学科，均为新教师，现已有一名区级骨干教师，另有一名教师在全国英语教师技能大赛中获一等奖，两名教师已做过省级展示课，均获得上级教研部门的好评。各学年（科）组教师年龄搭配合理，学历全部在大专以上，均通过了计算机中级考核，在学生与家长的问卷调查中反映良好，在学校的年度工作考核中均胜任本职工作。

（2）现有的优势与存在的不足。

优势：在多年的校本培训中，教师们已形成了积极向上的学习、工作风貌，教师群体素质较好。一切为学生的发展着想，积极主动寻求专业提升的发展已沉淀为宝贵的继红文化。骨干教师的成长历程与引领不仅为促进团队的整体发展注入了强大的动力，更能够促进团队在共同发展的过程中形成良性竞争与循环，从而有效地克服名优教师本人与教师群体的发展倦怠，进而呈现出动态发展、协同共进的良好局面。

不足：在过去的培训中，注重教师个人的专业发展，而对团队的发展重视不够。虽然教师们在专业发展中形成了初步的团队意识，但对于团队整体的协作共享、责任共担意识与团队特色发展意识认识不充分。没有充分认识和感受到团队对于自身发展的促进意义与自身价值只有依靠团队才能得到更充分的展现。

3. 关于教师团队建设的理论假设

（1）教师的专业发展依赖于团队。

随着现代教育观念的发展，我们逐渐认识到团队是现代社会赖以发展的动力基础，同样也是教师专业发展的动力基础。团结有力的团队可以令身在其中的教师获得更多的专业技能方面的帮助，而合作探讨、反思分享以及专业评价等目标则必须在专业团队中才能得以实现。因此教师的专业发展必需回归教育教学生活，在团队中得以提升。教师要逐步形成在团队中学习、工作的新的工作方式。

（2）名师与团队发展共进。

名师要发挥带领团队前进的作用。名师作为团队的核心人物与其他教师应相互尊重与帮助、相互依赖与欣赏、相互支持与合作。新一代名师总是在“竞争——提升——竞争——提升”这一螺旋上升的过程中造就的，竞争与提升的过程也是带动团队发展的过程，名师的成长与团队的发展是相辅相成的。优秀的集体会催生更多的名师，名师的引领会造就更优秀的集体。

（3）学校的发展需要优秀的教师团队。

面对当今社会家长对学生成长的高期望值，我校提出的办学理念是“实施主动发展教育，关注每一个学生的发展，让每一名学生都得到最好的基础教育”。因此，我们学校需要的是面向每一个班级、每一个学科的优秀教师团队。在学校未来发展构建实践型学习共同体的进程中，重心是教师团队。一所学校就是一个共同体，需要不断地学习和进行团队建设，它是学校在未来的自然延续中实现可持续发展的源泉。

4. 明确现阶段要解决的问题

以学年（科）组为单位组建教师团队，帮助各团队确定发展方向并逐步形成鲜明的特色。

二、教师团队建设的培养目标

从学校角度明确认识，教师团队作为学校共同体的细胞，是支撑起学校快速发展的基础与动力所在。各教师团队将在学校总的办学理念指引下，针对自身的特点，在团队内激发每个人的潜能，实现优势的最大化，并在优势互补中共同提高，将名优教师个人的发展置于团队协同发展的背景中，培养带动的是学校各层面教师的发展。学校领导班子成员必须树立师资队伍建设的全局意识，树立一种帮助、扶植、发展、完善的培养意识，打造教师特色团队，打造继红品牌学科。

为此，我校将创造条件，以构建继红特色团队为重点，由校领导、科研室、骨干教师和全体教师一道，把理论学习、教学实践、课题研究、专业提升与团队建设结合起来，帮助各学年组明确特色，制定发展规划，实现个人、团队、学校的共赢。

1. 教师团队建设的培养目标

（1）有明确的团队工作目标，团队的核心人物领导有力，能够将长期目标分割成多个短期目标，并能够协调带动全体成员，始终积极认真地对待每一个目标。

（2）团队成员团结协作，责任共担。一个真正的团队是一支不断变化的、有生命力和活力的队伍，团队成员必须互相支持。在共同工作中，信息交流通畅，计划实施迅速。成员在一起讨论任务、评估观点、做出决定并为达到目标而共同努力。

（3）充分发挥团队中每一位成员的潜力，让每一位成员都感到自己的重要性，在优化组合中，让每位成员的潜力得到最大化的挖掘与发挥。

（4）在团队发展中实现每个人的专业发展，通过组内互助，帮助每位成员掌握按时完成任务所必需的技能技巧，在优势互补中共同进步。

（5）团队特色鲜明，整体绩效突出。团队成员在共同学习、工作中对团队产生深厚的感情，形成共存共荣意识。大家既相互依存，互敬互重，相互宽容，又彼此促进，认真勤勉，充满活力与热情。其终极目标是为了促成更好的合作，追求超越个人的团队最佳绩效。

2. 本年末学校工作预定达到的目标

（1）逐步形成一套有利于教师团队培养、发展的管理机制。

（2）从学校角度推出 1~2 个特色鲜明的教师团队发展文集。

（3）召开 1~2 个特色鲜明的教师团队展示会。

三、具体实施措施

优化教师团队是对传统学校管理模式的挑战，应该引起学校每一位成员的思考和讨论，打破封闭，对班主任、教研组长和年级组长等岗位赋以新的内涵。教师团队的形成与发展要在学习、工作实践中实现。为此，我校从教研、科研、培训三方面整合，以“互动激励、突出特色、共同发展”为关键词，以形成特色鲜明的教师团队为发展方向，以名师为引领，以校本行动研究和学校的各项教研活动为载体，搭建教师团队发展平台。充分尊重教师，倡导张扬个性，发挥名优教师的辐射作用，形成团队特色，最终实现学生、教师、学校的共同发展。

实施中分为三个阶段：制订方案阶段、研究实施阶段、总结与验收阶段。

1. 制订方案阶段（2005 年 3 月 -2005 年 4 月）

在原有问题研究基础上，我校围绕"追求优质教育，实现主动发展"的办学宗旨，针对促进学校、教师、学生持续主动发展的核心问题，结合学校现有教育资源、教师队伍现状及当前课改对教师专业发展的需求，通过对相应理论的学习，在理论假设成立的基础上，通过骨干教师研讨和与区教育局领导的论证答辩，不断修正完善，确立学校研究的问题，制订实施方案。

2. 研究实施阶段（2005 年 4 月 — 2005 年 11 月）

（1）在特色论证中明确方向。

组建特色论证组，各学年（科）组将论证材料提交到论证组，经论证通过后，确定团队的发展目标和努力方向，并在以后的每一项工作中进行对照，注重特色的形成和发展。

（2）在学校全面工作的参与实践中培养团队精神，凝聚团队特色。

一是在行动研究中培养合作意识。

校本课题研究。在校本课题研究中，以学年（科）组为课题组，在课题研究中，注重理论与实践的结合，提高每名教师的研究能力和成果质量，同时为教师们搭建合作的平台。

校本课程开发。以学年（科）组为单位，形成校本课程开发小组，在学校总主题下针对各组的资源优势和发展特色，分别确定本组的校本课程主题，围绕这一主题共同进行课程资源开发与课程设计，在共同实施中进行修整与完善。

二是在多层面的交流互动中培养分享意识。

师徒结对。骨干教师在自身的一些成功经验与青年教师新思想的交融中，在近距离的教学全过程跟进中，仍将延续“师徒结对”活动，骨干教师要与一至两名青年教师签订师徒合同。在共同学习、研讨、反思中共同提高，促进师徒共同成长。

学年（科）研究课。在学年（科）组内，定期开展研究课，以具体的课例和教学情境为载体，全组教师互相观摩、评课。教师的个人成长与组内教师的共同提高形成互动。

论谈研讨。分为组内研讨与全校研讨两个层次。在多元的自由交流中，认识逐渐走向深刻。更重要的是在这一过程中，一种富于专业引领的、将思考与学习贯穿于工作全过程的、协作分享的学校文化悄然生成。

三是在各项活动中培养责任意识。

在学校的各项大型活动中，将对教师的个人评价变为侧重于团队的集体评价。如在学校的艺术节、体育节、优秀课题组评优等评选活动中，以团队教师的共同表现为评价的主要依据。实行组内教师的荣誉共享、责任共担。

四是在名师引领中提升团队的核心影响力。

名优教师作为团队的核心人物，要充分发挥引领作用，以身作则，以自己的实践带动团队成员，培养他们的责任感，凝聚团队的向心力。首先在团队内面向全体教师开放课堂教学全过程。教师可以随时进入骨干教师的课堂听课，然后进行评课交流。同时面向家长推出名师开放周。每学期确定一周为名师开放周，向家长发邀请函，请家长走进课堂，听课、评课、感受学生的学习状态和教师的发展状态。

在这一过程中，将名师个人成长历程展示给全组、全校教师，起到示范、引领、宣传的作用。

（3）在团队评价中激发前进动力，促进和谐发展。

教师团队评价不仅是面向结果的考核，更注重的是面向过程的管理。当评价的目光转移至团队时，就意味着把团队各成员捆绑在同一个发展平台上，促使团队要关注每一位成员的现状和发展趋势，这样他们就会发现许多问题亟待成员之间达成共识，并积极地进行配合付之于行动。这些原本行政式的指令，现在就会变成教师的自觉行动。团队评价有利于发挥每一成员在创造团队业绩中的作用，有助于每一成员将自己融入整体来思考，并能够更多地为他人着想，设身处地体验各自为师的辛苦、尊严与欢乐，从而创建民主和谐、积极进取的教师团体。另一方面评价团队有利于促进团队之间的竞争。团队处在发展之中，各学年（科）组各有特点、各有千秋。在团队成员之间产生一种“比优比好”的竞争，使他们自始至终处于既合作又竞争的状态，全校各团队之间将会产生一种和谐共进、互相竞争、互相感染的影响。因为只有在关注自身发展的同时，关注其他团体的发展情况，才能更好地发展自己的团队，从而积极主动地使之达到最佳的效果。

一是设立“翔鹰奖励基金”。评选校本课题优秀课题组，以组为单位，对优秀课题组进行奖励。

二是设立“继红红杉奖”。评选整体工作业绩突出、特色鲜明的教师团队。

三是奖励外出学习的机会。培训是最好的福利，对于发展突出的教师团队将优先奖励外出学习的机会。积淀发展的底蕴，在教师间形成人人向学的良好风貌。

四是为表现突出的教师团队召开特色展示会。展示团队特色形成过程中的影音、声像、文本等纪实材料和团队的特色学习、教研活动等。

3. 总结与验收阶段（2005 年 11 月 –2005 年 12 月）

（1）形成促进教师团队发展的管理机制文本材料。

（2）学校推出关于教师团队培养的文集。

（3）制作记录教师团队发展历程的成长册。

（4）召开 1~2 个优秀教师团队的展示会。

打造特色团队 促进教师主动发展

——基于问题研究总结

2007 年 9 月

教育的发展需要大批的优秀教师，教师的发展需要来自于团队的分享与支持。为此，我校在 2004 年“培养名优教师，打造继红教育品牌”问题研究的基础上，2005 年提出了重点研究的问题是“发挥名优教师辐射作用，构建继红特色团队”。实施中，我们以问题为导向，将学校各方面的工作整合，以“互动激励、突出特色、共同发展”为关键词，着力构建继红特色团队。

一、开展团队论证，建立共同愿景，明确目标

我们以论证为载体，通过团队特色定位将教师的个人目标与团队愿景整合起来，在论证中完成团队定位与团队发展计划。由学校主管校长、学年（科）主管领导、科研室教师共同组成论证小组，与各学年（学科）组的教师们一起对论证方案进行研究。各组教师在组长与组内骨干教师的带领下，通过多次的研讨、反复的推敲，最后才将形成方案提交到学校论证小组。论证中，学校论证小组注重尊重来自于教师团队的思考与设想，关注其特色的生成点与发展点，帮助其去粗取精，提炼升华，在几番论证中形成方案。

原五学年在论证中首先提出的是做务实高效团队，经论证后大家感到，务实高效是教师在工作中追求的一种工作作风，不能充分体现学年的特色，建议她们从学年现有成员组合出发进而发挥特色。五学年共有教师 14 人，其中省级骨干2人，市级骨干3人，区级骨干2人，学校突出的语文、数学学科的带头人均在五年组，骨干教师人数多而且层次高。经全体教师再次深入讨论，从组内成员构成的优势出发，确定了“辐射互动，优势互补”为团队特色，将团队的发展定位为内带学年组青年教师快速成长，外促学科整体的辐射带动，充分发挥了组内名师的优势。

二、拓宽合作平台，指导团队建设，彰显特色

在特色团队建设中，将教师的教学实践与学习研究、校本培训有机融为一体，创设了有继红小学特色的校本教研活动载体，拓展教师合作空间，促进教师团队特色的形成。

1. 名师引领，提升核心影响力，带动团队共进

（1）“四个一”主题活动。为促进名优更快成长，在全校范围内实现优势共享，学校推出名优教师“四个一”活动，即结一个研究对子、上一节示范课、做一次专题讲座、完成一份改进教学方法计划书。将名优教师结对由原来的师徒结对提升为名优教师结对。名优教师间以共同研究的问题为纽带，强强联手，实现对问题的深入研究与研究成果的最大化。

（2）名师开放周。每学期确定一周为名师开放周，上学期进行的是市级骨干教师开放课活动，本学期将要进行的是11位区级班主任骨干教师开放课活动。请家长走进课堂，听课、评课，感受学生的学习状态和教师的进步成果。将名优教师的发展置于团队、学校乃至社会中，起到示范、引领、宣传的作用。

（3）名优教师优先发展。为有发展潜力的教师提供条件，创设发展机会，拓宽成长空间，实现名优教师以个人的优先发展引领团队发展。如科学学科的陈晓东老师，先后被评为中学高级教师、省级科学学科最佳教师，被中央教科所、教育科学出版社聘为全省唯一的一名科学课程专家，赴全国各地巡讲。科学学科的五位教师中，除去陈晓东和金光涛两位教师，均为教龄仅1~2年的新教师。为帮助青年教师快速成长，陈老师有两张课

程表，一张是他的上课表，组内教师人手一份，随时到他的课堂来听课；另一张是听课表，将对青年教师的听课指导排成了课表，做到课前示范、课上评析、课后反思。他还带领全组教师在南岗进修精品教育论坛上，开辟了网上交流平台。确定每周四为科学组的校本教研日，以研究“科学课程中的结构”为主题，组织开展了持续一个月的校本教研活动。在陈晓东老师的引领下，金光涛老师快速成长起来，被中央教科所邀请，为湖北省科学学科培训授课。他们不仅自己坚持写教育日记，还督促青年教师坚持日日反思，学习、反思、积累在组内蔚然成风，使青年教师快速成长起来。2004 年，科学组为全市科学教学培训会议做现场教研观摩。2005 年 6 月，科学组又作为唯一的一支教师团队，在全国科学学科培训大会上做观摩展示，受到了中央教科所专家的好评。

2. 行动研究，在基于问题的研讨中，提升团队学习力

我校在校本课题研究中，向全体教师提出“要树立一种问题意识，始终以研究的态度面对自己的教育教学工作”，各教师团队分别以身边事为着眼点，确定研究的问题，如“英语分层教学”“合作学习”“活动式教学有效性的研究”“生活问题数学化，数学问题生活化”，等等。

如作为课改学年的四学年，从一年级开始，关注课堂教学中学生合作学习的研究与实践。在学生培养中，先后以学会倾听、学会交流、小组中的分工策略为阶段研究重点，层层递进，通过全员参与的课题跟进课、专题研讨等形式，持续进行这一专题研究，加深了组内每位教师对合作学习的理解，在实践指导中形成了有效的策略，为后续学年和其他学科开展合作学习提供了宝贵的经验。这种基于教学需求的持续研究，有效提升了教师的反思能力和问题研究能力。

3. 交流对话，在多层面互动中，开放团队发展空间

随着教师团队协作的深入展开，对话交流已由学校组织发动，变为教师的主动需求，于是在教师与教师之间、教师与团队之间、团队与团队之间，

呈现出了多种形式的、来自于团队自身的交流与合作形式。

（1）对话研讨体现灵活互动。

组际同一问题研究。如在本月进行的合作学习专题月的研究中，体育学科、三年组和四年组的教师，共进行了9次课题课的跟进与课堂教学观察，从跨学科领域的学科互动中，提升了对问题研究的理解与认识。

骨干教师专题研讨。先后进行了语文课堂教学方法的研究、关于合作专题的研究和中高年级数学教学方法研究等等。

专家引领全校研讨。芦咏莉博士两次来到学校，上课，听课，评课，进行专题讲座，让我们对新课程中如何备课有了更深入的理解，同时从芦博士的讲座与言行中，感悟教育思想与教育行为。

（2）课例评析体现即时多样。

有学年研究课、名师示范课、课题跟进课等等。教师由怕上公开课转为争上研究课，因为在团队教研中，公开课的目的不是为了评比，而是要从中发现、拓展、延伸研究的问题，主管领导、学年教师全员参与听、评课，而上课人的收益是最大的。从中，我们欣喜地看到，一种自主参与、主动探讨的研究式工作方式正在渐渐地成为教师工作的主流。

在这一系列多元的自主交流中，教师的认识逐渐走向深刻。教师与团队、个体与集体相互交融，以开放的心态吸纳，以理性的思考研究，形成了一个不断拓展的学习场、研究场与情感场。

三、转变管理角色，构建发展性激励机制，鼓励超越

1. 积极营造和谐温暖的团队氛围

面对团队建设，我们希望达成的是饱含着开放与沟通、包容与欣赏、豁达与乐观、诚信与多赢的和谐温暖的团队氛围。为此我们引导教师重新认识“教师”职业内在的无法替代的尊严、快乐和价值，帮助教师实现生命价值与职业价值的内在统一。提出了教师快乐六条法则：高尚的人是幸福的；富有智慧的人是幸福的；善于学习、合作与交流的人是幸福的；健康的人是幸福的；尽职尽责的人是幸福的；热爱生活的人是幸福的。

当学校将这样一种富于理解和智慧的温情带给团队，团队同时也会将它传递给教师。在原来的五年组，每逢新年，学年组长在寒冬里，带着盛开的鲜花访遍团队中每位教师的家，送上一枝花和一个热情的拥抱，一份真诚的祝福温暖着教师和家人的心，给他们带去一年的快乐；现在的五学年组，每位教师过生日，团队都会为她举行一场别开生面的生日聚会，当与同伴共同沉浸在祝福的喜悦中时，那份甘甜无与伦比。此外，学年组长还为每位教师建立了图文并茂的成长册，记录着教师们的成长与欢笑，记录着团队的温情与关爱。我校大部分教师孩子都比较小，平时常因工作忙碌忽略了对孩子的陪伴，于是几个学科组长组织团队的教师带着孩子一起去郊游。一年组的青年教师刚参加工作，对班级管理缺乏经验，组长就帮她请来富有经验的胡丽梅老师。胡老师长期深入到班级中，不仅促进了青年教师的提高，也帮助家长懂得了如何更好地配合教师，做好一年级新生的入学教育。

2. 创建开放的过程评价体系

在教师团队建设中，我们将评价着眼于教师团队形成过程与绩效提升和成果推广，实行评价过程的开放和评价主体的多元。

（1）常规评价规范团队。将学校的常规教学管理赋予新的内涵，如学生特色培养素质汇报、作业开放周、名师开放课、师徒结对、隔周一次的抽签课；在学校的艺术节、体育节等各项大型活动中，由对教师的个人评价转变为侧重于团队的集体评价；关注过程，促使团队的全体教师、主管领导形成合力，提高团队完成学校各项工作的整体水平。

（2）专项评价激励团队。通过“翔鹰奖励”基金，学校先后进行了教师个人的优秀成果评选和以团队为单位的学年学科组研究成果评选。

举行“创新杯”教学大赛，以团队为单位参赛，青年教师说课、成熟教师评课、骨干教师上课的大赛，采取的策略是分项实施，综合评定。

设立“继红红杉奖”，是面向团队全程的综合评价，用以鼓励团队合作提高整体工作绩效。在评选过程中，请全体教师参与，既是对研究教师的成果评价，也是教师间学习提高的过程。

我校在教师团队建设中，以形成特色鲜明的教师团队为发展方向，以名师为引领，以校本行动研究和学校的各项教研活动为载体，搭建教师团队发展平台，有效地促进了团队特色的形成。在这一过程中，教师由松散的个人集合走向充满向心力与凝聚力的团队，以追求优质、主动发展的办学宗旨，以充满智慧、阳光的教师形象，凝聚起富于继红特色的团队精神、团队文化。

在我们回顾团队建设历程时，有来自于教师团队成功的喜悦，更有面对团队建设长远规划的理性思考。团队发展是一个动态过程，是一个伴随着问题不断发生与解决的提高过程。通过向团队中全体教师的问题征集，我们明确了下一阶段将着力的解决问题：

（1）团队特色还不够鲜明。各团队形成了组内协作的良好氛围与工作方式，但团队研究的问题还需深入，团队成员研究问题的水平还有待提高。

（2）团队人员问题。流动的人员构成，对团队建设有着非常大的影响，为此相对稳定的人员对团队十分重要。

（3）提升团队思维的水平。团队现有成员间能够充分沟通，但形成团队思维总体水平不够高。一方面是团队成员因长期在一起，易形成思维趋同，另一方面是团队中起引领作用的成员思维水平还有待提高。

以团队目标建设促进教师专业发展的研究

——校长高研班论文

2006年5月

一、导论

1. 问题的提出

（1）社会与教育发展的需求

人才是实现科学技术与知识经济可持续发展的关键性因素，从某种意义上来讲，未来的21世纪将是一个教育的世纪。在基础教育中全面推进素质教育，是实现我国“科教兴国”宏伟目标的关键。新一轮课程改革从未来社会的人才需求出发，改进课堂教学，追求优质教育，从而更好地实现教育对人类世界发展的服务与促进功能。新课改中一些新旧教育理念的交锋和一些具体问题的解决，需要大批优秀教师先行攻坚克难。因此，个别名优教师的涌现已不能满足教育发展的需要，而是要有一支支优秀的教师团队，才能实现新课程面向全体学生，实施良好的基础教育的发展需求。

（2）教师专业发展的需求

随着我国新课程改革的不断深入，对教师专业素养的提升与完善也提出了新的要求。为此，要有效促进教师专业发展的团队建设成为学校管理者关注的焦点。彼得·圣吉关于“学习型组织”建设的理论不仅为企业的发展提供了帮助，同时也使学习型学校的建设有了可供借鉴的宝贵经验，尤其是参与了南岗区“学习共同体学校管理理论与实践的研究”活动以来，我们逐步认识到团队建设对于教师专业发展的重要意义。三年来，我们先后进行了“培养骨干教师，打造继红教育品牌”“发挥骨干教师辐射作用，构建继红特色团队”的问题研究。研究中我们深深地感受到，在历经了从个人到团队的骨干教师培养过程中，我们充分发挥了骨干教师的资源优势，注重发挥他们的辐射作用，在团队中以引领者的角色带动群体的发展。而在这一过程中，我们发现随着骨干教师专业水平的提升，他们个人对于专业引领的需求同样愈发强烈。对于一些问题的研究需要高层次专家的点拨，同时更需要在强强联合中实现个人发展的突破。我们认为教师的学习与合作是共同发展的重要因素，而教师团队正是提供了这样一个有效的平台。团结有力的团队可以令身在其中的教师获得更多的有关专业技能的帮助，在团队中进行合作探讨、反思分享以及专业评价等，是教师专业发展不可或缺的动力基础。同时发现，没有明确的团队目标，团队建设就失去了前进的方向和力量，团队绩效也将受到严重影响，更谈不上每位教师的专业发展。

（3）学校教育功能发展的需求

新时期的教育要求学校不仅是培养学生的摇篮，也应成为培养教师的土壤、发展教师的动力、提升教师的平台、成就教师的保证，学校与教师共生共长，从而真正实现学校、教师、学生的共同发展。因此，新时期的学校要努力实现教师专业素质培养的拓展功能，充分发挥校本培训对教师专业发展的促进意义，并使其服务于学校的发展，服务于学生的发展，同时成就教师自己的教育生涯。因此，明确的教师团队目标建设也就成为关系到教师专业发展乃至学校发展的重要问题。

2. 研究的意义与目标

（1）研究的意义

首先，明确的目标是团队建设的基本要素。在关于团队要素的各种研究中，明确的团队目标是团队要素之中不争的共识。团队目标是一个有意识地选择并能表达出来的方向，它充分调动了团队成员的才能和潜力，促进了组织的发展，使团队成员有一种成就感。团队目标表明了团队存在的理由，能够为团队运行过程中的决策提供参照，同时也是判断团队进步的标准，而且为团队成员提供一个合作和共担责任的任务。因此，如何帮助团队确定明确的目标，是在组建团队之初首先要明确的问题，这将直接关系到团队形成的可能性与团队的绩效。

其次，团队目标是对团队成员的价值引领与共同努力的方向。在面向教师的问卷调查中，在关于影响团队绩效因素这一问题的回答中，有54%的教师回答，是因为工作目标不明确或缺少共同研究的问题，所以团队无法形成合力。共同的目标是一种愿景，是一个可追求、可达到的标准，只要有一名成员与团队的目标不一致，那么该团队的整体水平将受到影响，这种影响不仅仅来自于这个成员本身，也来自于团队内部其他成员的绩效下降。在心理上，其他成员总能感觉到团队内部的分歧或者某个同伴漠不关心的态度。因此，在团队中先要有清晰的目标，团队成员对目标要了解，并坚信这一目标包含着重大的意义和价值，才会愿意主动为之付出努力。

最后，团队目标建设对教师专业发展具有重要意义。“教师即研究者”是教师专业化发展的同义语，当我们把研究看作是教育实践中的一种态度、方式，体现着教育的根本意义，那么教师就是教育研究的主体，团队为他们的研究提供了一个有效的平台，而清晰的团队目标则是提高团队研究绩效、明确研究方向、积蓄研究动力的有力支撑，它是教师专业发展的核心问题。此外，关于团队目标建设与教师专业发展的理论与实践的研究，目前还处于较少的状态，这也显示出它潜在的研究价值。

（2）研究的目标

以新课程改革为教师专业成长的背景，以校本研究为基本环境，以教师团队发展为中心， 将团队发展理论与实践研究结合，探索教师团队目标的设计、制定与具体的实施策略。通过课题的研究，建立相应的团队目标管理体系，努力使团队目标管理从“领导”转向“自主”，“单一”

转向“多元”，从“关注形式”转向“关注过程与效果”，真正实现团队目标的意义。

3. 研究思路、方法

研究的视角：本课题研究立足于校本，将教师团队的形成与发展置于教研常态中。“常态”，具有“起点”和“终点”的双重性。立足校本，作为起点，是教师工作、学习、研究与专业的逻辑起点，是教师团队培植、生成生命力的基本现实环境；作为终点，是原点发展的文化积累的结果，是起点所追求的终极目标。因此，“常态”是教师团队发展过程与目标指向相统一的范畴。抓住了常态，就抓住了学校自身构建教师团队的根本。同时，教研常态是教师教育生活生存与发展的基本方式，是实现教师发展的原点。

课题研究的方法：本课题研究以行动研究为主，同时综合运用文献法、调查法、案例研究法和叙事研究法。课题研究在实践中进行，同时指导、提升实践。

4. 基本概念界定

教师团队：团队是指相互信任、相互支持、目标一致、技能互补的人群为完成某一任务而形成的一种十分默契的合作组织。一个成功的团队一般具有以下特征：目标明确、责任清楚、有效沟通、全体参与、发挥个人潜能、协作共进。教师团队除具备团队的一般特点，相对于学年组或学科组而言，改变了学年组和学科组虽然存在明确内部分工，但缺乏成员之间的紧密协作，而且构成单一的现状。而使教师彼此之间工作的内容交叉程度更高，相互间的协作性更强。在教师团队中，把多种优势、技能和知识糅合在一起，各自贡献不同的专业特长，为某一共同目标而努力。同时，注重发挥每个人的创造性，并让他们在集体智慧中共同闪光，迸发出超越个体的无穷力量，实现 $1+1>2$。

团队目标：目标是团队在一定时期内所追求的最终成果，是团队的宗旨和使命的具体化，是团队成员共同奋力争取达到的所希望的未来状况。在这里，我们将目标分为三个层次：在结构上最高的部分是团队发展的终极目标，体现继红整体教师团队的发展愿景与专业发展的追求方向。下一层是分组目标，即教师团队的分组目标，体现着以基于研究的问题组成的教师团队，在终极目标的引领下，在一定时期内的发展方向。最底层是个人的目标，教师作为团队成员，将个人的教育人生规划与团队发展目标相结合，并在一定时期内制定确实可行的、具体的发展指标，用以指导个人的发展。同时，终极目标与分组目标来自于教师的需求，体现着教师专业发展的共同理想。这样，在目标体系中形成环环相扣的团队目标引领，让团队每一个成员既对个体的目标清楚，也要对自己所在的小组和整个团队的目标达成共识，用以激励促进团队的和谐发展。

教师专业发展：教师专业发展是指教师在整个专业生涯中，依托专业知识，通过终身专业训练，学得教育专业知识技能，实施专业自主，表现专业道德，并逐步提高自身从教素质，成为一个良好的教育专业工作者的成长过程。

5. 相关文献综述

（1）文献综述

通过对团队建设研究的相应文献的检索与整理分析，我们发现，大多团队建设的理论与实践存在于企业管理之中，包括现在我们所熟知的学习型组织理论，而关于教师团队建设的专题理论研究相对较少，一些具有可操作性实践的策略更是稀缺。为此，我们力求从企业的团队建设、团队管理与团队文化中借鉴精华，用以促进教师团队建设的研究与实践。

（2）团队目标的存在意义

团队的形成必有其原始的目标，不论是有形的或是无形的，都是指引团队方向的明灯。心理学家马斯洛曾提出，杰出团队最显著的特征是具有共同愿景与目标。有共识的团队目标可以发挥成员内在的潜能，促进团队的沟通，它以人为本，尊重个人，激发每个人自动自发的工作意愿。从另一个角度来思考，任何一个组织要将价值分享真正落实在日常工作上，就必须遵行目标管理的规律，有效设定目标体系，建立团队共识。

（3）团队目标建设中需要注意的问题

管理者在带领团队建设团队目标时要思考，设定的组织目标与团队成员个人有何关联？如何让组织目标与个人目标相互挂钩？除了严格的制度约束外，还要协助成员分清自己想要的是什么，努力的目标是什么，什么让他感到有成就，如何协助成员拟订对策与方法来达成目标等等。

（4）团队目标与教师专业发展的关系

团队目标清晰与否直接决定着团队建设的绩效，也必将决定着教师个人专业发展的程度，团队目标对团队中的每一个成员都有着方向引领与价值导向的作用，它能促进和激发团队成员的才能和潜力，促进每一名成员和整个团队的发展。团队目标是教师专业发展的核心问题。

（5）制定团队目标的“黄金准则”

制定团队目标有一个“黄金准则”——SMART 原则。SMART 是英文 5 个词的第一个字母的汇总。S（Specific）——明确性。所谓明确就是要用具体的语言清楚地说明要达成的行为标准。明确的目标几乎是所有成功团队的一致特点。很多团队往往不成功的重要原因之一就是目标定得模棱两可，或没有将目标有效地传达给相关成员。M（Measurable）——衡量性。衡量性就是指目标应该是明确的，而不是模棱两可的。应该有一组明确的数据，作为衡量是否达成目标的依据。如果制定的目标没有办法衡量，就无法判断这个目标是否实现。但并不是所有的目标都可以衡量，有时也会有例外，比如说大方向性质的目标就难以衡量。A（Acceptable）——可接受性。定目标时，总希望越高越好，领导也有这种期待。但目标是要能够被执行人所接受的，是要被执行人认为是可行的。R（Realistic）——实际性。目标的实际性是指在现实的条件下是否可行、可操作。可能有两种情形，一方面可能是领导者乐观地估计了当前的形势，低估了达成目标所需要的条件，这些条件包括人力资源、硬件条件、技术条件、系统信息的条件、团队的环境因素等，以至于下达了一个高于实际能力的指标；另外也可能是花了大量的时间、资源，甚至人力成本，最后确定的目标根本没有多大的实际意义。T（Timed）——时限性。目标特性的时限性就是指目标是有时间限制的。没有时间限制的目标没有办法考核，或带来考核的不公，同时也会伤害工作关系，影响团队成员的工作热情。因此，好的目标应该能够符合 SMART 原则。

二、团队目标建设影响因素分析

（一）需求评估

在团队目标建设中，我们首先对团队成员以问卷的形式进行需求评估。通过不记名问卷调查的形式，向团队成员咨询对团队整体目标的意见。在这一过程中，一方面可以让成员参与进来，使他们觉得这是自己的目标，而不是别人的目标；另一方面可以获取成员对目标的理解与认识，体会团队目标在促进团队发展中的价值与意义，团队成员在未来应重点关注什么事情，团队成员能够从团队中得到什么，以及团队成员个人的特长是否在团队目标达成过程中得到有利发挥等，通过问卷来广泛地获取成员对团队目标理解和认识的相关信息。

问卷填写以不记名的形式进行，主要分为两部分内容，第一部分是教师认为团队与教师个人专业发展的关系，第二部分是对团队目标建设的理解与思考。全校 141 名专任教师全部参加。在整理统计信息时，我们以每道题为单位，去除无效答案，以确定每个选项的确切比值。

通过对第一部分的数据统计，我们发现“对于影响教师专业发展的关键时期”，有 114 人选择了 B，即是“任教后工作中的实践与学习”。在第二道题中，“在教学工作中对教师专业发展帮助最大的是什么”，有 77 人选择了 C，即“团队中伙伴合作和自己的钻研”，占总数的 56%，另有

41 人选择了 A，即“领导帮助和师徒结对”，占总数的 30%。在第三道题中，“对于团队对教师专业发展的促进意义”，有 72 人选择 C，“认为影响非常大”，占总数的 51%，有 67 人选择了 B，“有一定的影响”，占总数的 48%。从统计中可以看到，教师们普遍认为基于工作实践的学习与研究和来自于学校内部的团队学习与研究对教师的个人专业发展帮助最大，是具有十分重要的意义和价值的，而且是被广大教师普遍认可和乐于接受的。

第二部分，我们主要通过问卷了解教师们对团队目标的认识与理解。从统计结果来看，大家的理解与需求还是比较集中的。如第一道题中，“明确的目标对团队的形成与发展的影响”，有 105 人选择了 C，“十分重要”，占总数 75%。在第二道题中，“团队的目标应来自于”，有 111 人选择了“应来自于团队成员的发展需求与学校的发展需求相结合”，占总数的 79%。在第三道题中，“教师个人发展目标与团队发展目标的关系”，只有一人选择“关系不大”，其他人都选择“关系密切或有一定的关系”。在第四道题中，“影响团队目标设定的最主要因素”，有 93 人选择了 C，“教师群体的发展需求”，占总数的 66%。在第五道题中，“在团队目标过程中”，有 98 人选择了 C，“应成员全员参与，在过程中修正完善”，占总数的 70%。在第六道题中，“团队目标确定中应主要针对的因素是”，有 93 人选择了 B，“关注团队精神与氛围建设”，占总数 67%。在第七道题中，“团队目标应主要解决的问题是”，有 119 人选择了 B，“促进团队每一个人的专业发展”，占总数的 86%。

从以上的统计信息中可以总结出，团队对教师的专业发展有着毋庸置疑的意义。而在团队目标建设中要充分考虑的因素首先是团队目标应来自于团队成员与学校的发展需求相结合，团队目标应充分促进教师的专业发展，并体现为促进团队内每一名成员的专业发展，由成员全员参与制定，在过程中修正调整。团队目标设定中应主要针对的因素是关注团队精神与团队氛围建设，应主要解决的问题是促进团队成员每一个人的专业发展。

（二）问题分析

通过需求评估和信息统计并结合教师的实际工作现状，我们将影响教师团队目标建设的主要问题锁定在三个方面。

1. 教师角色认同的价值缺失

首先是教师对个人角色认同的缺失。从需求评估中我们可以明确地看到，各层次的教师都不同程度地对团队中的个人发展有着渴望。但从教师的实际工作状况中，一部分教师明显缺乏对自己的教育人生的系统规划，教育理想不够坚定，没有形成职业自豪感与幸福感。以前我们只是把认同看成是人生某一阶段的任务，对于教师也是如此，认为年轻教师，特别是刚进入学校的青年教师，是建立教师认同的关键，而中老年教师的认同已经建立了。但是从调查与分析结果来看，每个年龄阶段、每个层次的教师都面临着教师角色价值认同的问题。究其原因，一方面是新课程改革、社会对教育的高要求对教师产生的压力。在新的教育环境下，教师角色被重新定位：教书育人的教育者、文化知识的传递者、智力资源的开发者、未来生活的设计者、心理健康的指导者、学生集体的组织者、学校与社会的沟通者、学生的伙伴与朋友等等。另一方面，从教师职业发展的角度讲，教师在职业发展过程中会遇到困难和挫折，会经历低潮期，会产生对原认同的职业角色怀疑、否定等失衡的心态，有的教师甚至需要重新建立或提高对职业角色的认同。由此我们感到，教师个人角色认同的建立是一个动态平衡的过程，是教师职业发展每个阶段都要面对的任务，特别是在现在这样一个快速变化的社会环境中，教师的角色和认同受到许多挑战和影响，不同年龄的教师、不同教龄的教师都需要面对教师职业角色的转换和认同问题。

此外，从团队建设与发展来说，教师缺乏对自身在团队中的地位、价值的认同。以往教师更多的是以个体的形式面对教育工作，解决教育中存在的问题，只关注个体的意愿即可。而在团队中教师首先要考虑与接纳的是对团队工作目标的认同。对于一个不同层次教师共同参与的团队而言，一些教师们会在初期对自身发展缺乏自信，在团队内找不到不可或缺的价值感。同时作为“社会人”，社会和家庭对教师也提出了多重角色期望。教师要在这纷繁复杂的角色之间进行转换，常常会有心理上的矛盾冲突，感觉力不从心、左右为难，从而产生角色冲突。

2. 共同目标导引的凝聚力不足

在教师的需求评估中，75% 的教师认为明确的团队目标对团队的形成与发展有着十分重要的意义。教师们是基于共同的研究目标形成团队的，这就要求研究目标要体现教师的普遍需求，将教育教学理论与教研常态中的具体问题解决建立良好的联系。

面对新课改中出现的种种新问题，教师们需要在团队中通过与同伴共同开展实践研究，通过教学活动中的交流与对话、沟通与互助、协调与合作，共同分享经验与失败。所以教师们关注的是强调解决教师自己的问题、基于教学现状的真实的问题、深入师生的实际的问题。在这些基于问题解决的团队合作中，教师开放自己的眼界，汲取他人的经验，并将他人的经验转化为自己的教学行动。在重视教师个人学习与反思的同时，强调教师之间的专业切磋协调、互相学习、彼此支持、共同成长。只有这样才能够真正促进教师提升教学质量，促进个人专业发展问题的确定与解决，才能有力地凝聚合力，使大家主动地参与进来，并愿意为之付出努力。相反，如果发展目标指向不确定，研究与解决的问题脱离教学实际与教师个人的发展需求，就无法实现有效的团队合作与团队发展。

3. 交流与沟通的高耗低效

著名教育家杜威在《论沟通》中说：“社会不仅通过传递、通过沟通继续生存，而且简直可以说，社会在传递中、在沟通中生存。”对于团队也是如此。失去了沟通来凝聚团队精神，团队目标便无法实现。我校由于教师较多，分散在三个教学楼办公，而且其中一座教学楼在校园之外，这势必从客观上对教师间及时、有效的沟通带来了障碍。我们常常为了进行一次专题研讨，组织三个楼的教师集合，即使提前通知，也要浪费很多时间。当一百七十多位老师坐在一起进行研讨时，又不能保证问题是每一个人都关注的，而且许多老师会有某种畏缩心理，不能畅快表达，常常是少数人发言，大多数人在聆听。正是由于客观原因和教师的主观原因及组织协调等相关因素的干扰造成了教师沟通的高耗低效。而在团队建设中，必须要通过沟通传递各种有意义、有价值的信息，交换和传递知识、思想、意见，从而使团队合作，组织协调，资源优化组合，目标达成等等得以实现。因此，教师间不能做到充分、及时、深入地沟通与交流，影响了集体智慧与集体绩效的提升，是我们在现实工作中不能回避的问题。

三、影响教师专业发展的团队目标的特征及其内容体系

在对教师进行需求评估和进行信息统计分析的基础上，我们研究制定促进教师专业发展的团队发展目标。

1. 基于教师需求，明确促进教师专业发展的团队目标的特征

第一，以促进每一位团队成员的专业发展，帮助每一位教师实现个人教育理想为主旨。

第二，将个人发展目标和学校整体发展目标以团队建设为平台，相互融合，实现共进共赢。

第三，目标的设定来自于团队成员的全员参与，尊重并体现大多数人的意见和意愿。

第四，目标的实施在常态教学工作中进行，以促进教师教育教学工作的提升。

2. 基于团队目标特征，确定制定团队目标应遵循的原则

第一，团队目标的确定需要几个方面的合力：领导者参加、团队的核心成员参加、团队的全体成员参与。

第二，团队的目标必须跟团队的愿景相连接。目标与愿景的方向是一致的，它是达成愿景的一部分，所以目标必须跟团队的愿景，也就是团队发展的目的相连接。

第三，必须制定一套运行的程序来随时修正目标。目标定下来以后不见得就一定准确，还需要根据监督、检查的情形随时向正确的方向引导。

第四，实施有效目标的分解。目标来自于愿景，愿景又来源于组织的大目标，而个人的目标来自于团队的目标，它对团队目标起支持性的作用。

第五，必须有效地把目标传达给所有的成员和相关的人。相关的人可能是团队外部的成员，比方说相关的团队、有业务关系的团队，也可能是团队的核心成员。

3. 在制定团队目标过程中的“四要、四不要”

第一，要使用精确的描述性语言。“我们要在每周进行两节团队内的研究课”，这就是一个精确描述性的语言。不要使用形容词和副词，如“我们要对课堂教学进行经常性的监控和评估”。

第二，要使用积极的动词。比方用“增加、提升、取得”等，不要使用被动词“了解、熟悉”等。因为不同的人对它们的判断标准是不一样的。

第三，要具体、明确。比如，“团队成员共读一本书，每周进行一次读书交流活动”，这就是一个具体明确的说法。不要泛泛而谈，如“在团队中增强成员的学习与交流意识”。

第四，要使用简单有意义的衡量标准。比方说，“团队在今年计划完成十二节研究课，向全校推出两节成果展示课”，这就是个相对比较简单有意义的衡量标准。不要使用一些模糊的衡量标准，比方说，“提高团队成员的教学水平，向课堂教学要质量”。

同时在制定目标的过程中，还应借鉴其他行业在制定团队目标时提出的问题，避免一些弯路。如不要确定高不可攀的目标，这样的目标不但激励不出团队教师的士气，反而会使大家望而却步。目标最佳的位置是适当偏高，好的目标就像跳起来去够树上的柿子，使劲努力一把就能够得到。同时不要低估团队合力，也不要低估团队成员的潜力，他们有能力完成得比现在更好。同理，如果柿子太低，不需要跳就拿得到，这也不是一个有挑战性的目标。不要用过于繁多的文字或数字，让人感觉很难记住。一个好的目标应该简洁可操作，并且需要集中到关键的领域。

4. 我校教师团队发展总目标、教师团队目标和个人发展目标

基于以上的问题分析和对促进教师专业发展的团队目标的特征及其内容体系的研究，我校组织全体领导和教师共同参加研究制定学校、团队及个人的发展目标。首先确定学校发展目标。由各团队代表和校领导共同组成研究共同体，共同针对需求评估所反映的问题和教师现状及学校的发展方向，提出学校这个大团队的发展目标草稿，然后在全校教职工大会上进行论证，请每一位教师审阅，并提出意见和建议。然后由全校教师通过继红小学 2006–2008 年教师团队发展总目标。最后在此基础上，以团队为单位分别制定各团队目标和个人发展目标。整个过程中，每位教师都要参与。让大家在对校团队总目标的共同参与制定中达成共识，理解、支持目标的确立，并能够主动将自身的发展融入学校与团队发展之中。同时，由于学校总目标和团队目标是由教师全员参与制定的，反映了教师的需求，所以这一目标的确定也就代表了学校与教师共同的发展意愿与方向，实现了个人目标与学校、团队发展目标的层次递进和有效结合。

四、团队目标建设实施的基本策略

1. 价值认同策略

团队不同于集体的地方在于，团队是有工作目标和价值理念的集体，它是以价值认同为纽带把不同的个体组织起来，为实现某个工作目标或某项任务而共同工作和奋斗。众多研究都指出，团队建设的核心就是在

团队成员之间就共同价值观和某些原则达成共识或共同愿景。有不少著名的管理学家都强调，在种种领导影响力中，共同愿景所能产生的影响力是最理性、最强大的。因此，作为一个相对长期的团队而言，达成共识，确立共同愿景是团队建设的有效途径。价值认同应该包括以下三个要点：对团队工作目标的认同；对团队价值观念的认同；愿意为实现有价值的目标而工作。身体力行，具有使命感，这是价值认同的核心，或者说是价值认同的较高表现形式。据此，结合教师自身的工作特点，将具体实施的策略确定为：

（1）教师个人角色认同

①教学方法论证。由名优教师成长协作共同体自然形成教学方法论证组，由教师本人先自我总结个人教学方法并提交论证材料，其中包括：教学形式的理论基础、个人素质、具有代表性的教学案例和本学期的学习计划、工作计划。经论证通过后，确定为本人的发展目标和努力方向，从而更好地规划自己的教育人生，向着自己的教育理想坚定地前行。

②校本课题研究。压力同时也是动力，首先让骨干教师在校本课题研究中，担起科研骨干的带头作用，承担课题研究的重要任务，率先做课题跟进课。通过课题跟进，帮助教师在课题研究中逐渐深入，促进理论与实践的结合，提高研究成果的质量和水平。在为全组教师做观摩示范的同时，也在集体的反思与互动中主动提高自我的科研能力、总结与提升撰写文章的能力。骨干教师不仅要在省、市级教育刊物上发表文章，还要争取努力形成个人教育专著。

③师徒结对。充分发挥团队中骨干教师的辐射作用。骨干教师要与一至两名青年教师确定师徒关系，签订师徒合同。学期初上报师徒结对计划，确定共同研究的问题，师傅在徒弟的备、上、评课及课题研究、班级管理等方面给予指导帮助，并定期为徒弟上观摩课。徒弟在学习了师傅的方法和观摩了教学后要进行评课。师徒在共同学习、研讨、反思中共同提高。

④开放名师课堂。名师课堂在校内面向全校教师全过程开放。全校教师可以随时进入骨干教师的课堂听课，然后进行评课交流。面向家长推出名师开放周。每学期确定一周为名师开放周，向家长发邀请函，请家长走进课堂、听课、评课，感受学生的学习状态和教师的发展状态。一方面促进教师与家长、社会的沟通和理解，另一方面在家长和社会中宣传名师。在全区乃至全市范围内创造机会，开放名师课题，将名师个人成长与全区乃至全市的教育发展相融合，起到示范、引领、宣传的作用。

⑤教学大赛。充分发掘校内外的各教学资源，给教师们尤其是青年教师搭设成长与展示的舞台。如借助南岗区的教学“百花奖”推出优秀的新教师，让他们崭露头角，增添向名优教师方向发展的信心与勇气。在校内的“创新杯”教学大赛中，让青年教师得到更多的锻炼与提高，让他们小试锋芒，在参赛的过程中，感受来自团队的有力支持与帮助，让大家在共同发展与共同提高中形成团队合力。

（2）团队目标价值认同

①目标确定中的全员参与。在团队目标的确定过程中，本着来源于集体的意愿，促进团队中每一个人的发展的根本原则，充分尊重团队中每一位成员的思考和建议，集思广益，体现集体的力量。通过“个人思考——集体讨论——论证确立——修正调整”这样一个基本流程，在对话与论证中，在一次次的“头脑风暴”中，每一位成员坦陈对团队目标的个人想法，通过团队讨论，以集体的智慧，达成团队目标。这样既有利于充分调动整个团队的积极性，还有利于加深团队成员对于目标的理解。让成员参与目标决策本身就是对团队成员的一次很好的激励和动员。同时我们在管理成员参与的过程中，还适当运用奖励、采纳优秀提案、鼓励排除漏洞等措施，加强激励的效果。

②个人目标与团队目标的紧密结合。所有团队成员都支持团队目标的达成是至关重要的，只有当团队目标被团队成员所认同，转化为他们自己

的目标，并且愿意为目标的实现付出自己的努力，才能实现团队的整体发展。在团队目标完成后，经过全员参与的讨论，将目标分解，促进所有成员对目标有深入的理解。在此基础上，团队成员确定个人发展目标。将个人发展目标与团队发展目标有效结合，并使之成为促进团队目标实现的有力支撑。这样，“万众一心，众志成城”，团队的目标在团队成员的支持下，产生合力、贯彻力和穿透力。同时，以目标为准，使团队成员的价值观和团队目标所需要的价值观达成一致。

③分工合作。在团队组建与形成过程中，我们感受到，团队分工的意义与价值不仅仅是建立起团队的执行秩序，提升团队效率，它更有助于使团队成员在团队中获得一种被尊重的满足感。在团队目标确定后，每个团队针对目标的达成，在团队内进行讨论，需要怎样的角色分工，谁愿来承担哪个角色，谁来承担更合适。这样通过个人的自行选择和大家的评议，让每一个人在团队内都有明确的职责分工。这里就像一组由若干个不同规则图形组成的高密度拼图，缺少了其中的任意一块就无法组成完整的图画。所以每一个人都是很重要的，一个也不能少。同时，不同的分工让每个人可以从自身的特点出发，选择适合的位置，扬长避短。就如一个尽情舒展的舞台，每个人都以自己最完美的一面出场，相互光辉映照，相互欣赏借鉴着彼此的最美时刻，这样的表演会激发每个人最大的潜力，使这场演出成功。这样，以有效的分工，将所有成员、成员之间、成员与团队紧密地结合在一起。

④评价引导。将团队目标与团队评价相结合。在教师团队评价中不仅是面向结果的考核，更注重的是面向过程的管理。当评价的目光转移至团队时，就意味着把团队各成员共置在同一个发展平台上，促使团队关注每一位成员的现状和发展趋势，这样他们就会发现许多问题亟待成员之间达成共识，并积极地进行相互配合付之行动。

2. 任务导向策略

如果说愿景是指向较为长期的未来，相对而言，任务导向途径则是针对近期工作的，是针对比较现实的目标。任何团队只有通过具体的一项项任务的完成，才能够一步步接近并实现愿景。因此，帮助团队确定具体的驱动问题，是能否落实目标的关键。为此，我们在现实的组织环境探索中，找出了建设高效的任务导向团队的八条基本原则，即：

第一条，要确定事情的轻重缓急，并确定指导方针选择任务，比如选择一项既合乎现实需求，又有实践价值的研究课题。

第二条，要按照技能和技能潜力选择成员，而不是个人性格选拔团队成员，比如要选择既对研究课题感兴趣，又具有某种研究潜质的教师进入课题组。

第三条，对团队的第一次集会和行动予以特别关注。

第四条，确立一些明确的行为准则，使团队成员清楚团队活动的规则，成员要有明确的分工和责任。

第五条，确定并且把握几次紧急的、以能力为导向的任务和目标。

第六条，定期使用一些新的事实和信息对团队成员的信心加以考验。

第七条，尽可能多地共度时光，增强成员之间的相互了解与信任。

第八条，充分利用由积极的反馈、承认和奖励所带来的力量。

我们结合学校的具体情况，在教师团队建设中，确定了教师最关注的，教学中最急需的“改进教学方法研究”这一具体问题进行研究。让每一位团队成员在直接参与问题研究中，清楚地认识到这项任务的挑战，在已有的团队知识基础上，共同研究完成此项任务所需要的技能，并发展成具体的目标和研究方法以及操作程序。

（1）制定任务，明确问题

任务的制定要采取自下而上与自上而下相结合的形式。首先通过视频案例解读、团队内成员提示及自我有计划的总结分析等形式，使教师面向自身的教学方法进行系统回顾与反思，帮助教师站在自我以外的位置批判地考察自己的教学方法及教学行为，细致观察并发现问题，从而提出自己的第一轮教学方法设计。从学校角度在帮助教师确定研究问题的同时，针对不同教师的现有水平与发展需求，提出不同层次的要求与标准，使各团队及每个人都能够针对原有基础与发展的需求，确定自身最急需解决的问题，使之成为促进教师专业发展、促进团队形成与发展的有效载体。

（2）学习反思中理解问题

问题研究的过程同时是一个学习的过程，反思是教师成为研究者的首要表现形式，是学习与改进教学方法中的有效载体。在学习中，我们将在个体学习和团队学习两个层面交互展开。首先以个体学习为基础，向教师推荐阅读书目（如《语文教学方法和教学模式》《教学方法与设计》《教学原则与教学方法》等），引导教师在系统的教育理论中建立有序、科学的思维体系，首先明确教学方法是什么，常用的教学方法有哪些，操作的基本要点是什么，在此基础上对比自己的教学实践和教学行为表现等重新审视，形成自己较系统的思考，既而再通过两个平台的建立引发团队学习。建立校内教师共享平台，在继红讲坛中，以“常用教学方法分析”为主题进行专题研讨；建立骨干教师团队研讨平台，在骨干教师内提升学习与研讨的层次与水准，确立关于改进教学方法的研究专题，做到有思考、有学习、有实践。在多元的学习过程中，引领教师打破个体知识与思维的局限性，在开放的情境性合作学习中获得专业化的发展。

（3）协作跟进解决问题

伙伴协作是教师研究中最有效的形式，它会促进问题研究的深入。我们通过自由组合与课例跟进将研究的问题深植于课堂实践，重其实效。

①在自由组成的研究团队中协作互助。选择相同教学方法研究的教师组成研究团队。在自由组合与自愿达成中，不仅提高了研究的质量与效率，同时教师的主体意识和研究意识得到了充分发挥，通过沟通理论与实践，

自觉的积极反思，在教师中形成了一种主动研究的态度，让教师的每一节课都蕴含着实践的智慧与理性的思考。

②在课例跟进中深入研究解决问题的有效方法。跟进中分为两大类：一是精品课例和示范课例的评赏跟进，二是常态课例和问题课例的循环跟进。

精品课例和示范课例的评赏跟进中，结合本学期开展的骨干教师邀请课，带领全体教师参与，在每节课后对照优势进行细致的评课研究，从中选择哪一种方法是可以学习借鉴到自己的课堂教学中的，然后就其中感受最深的一点上一节跟进课，在实践应用中对比找不足。

在常态课例和问题课例的循环跟进中，同一研究团队的教师在日常的教学中，自觉形成互相听课的良好习惯，在课后反思中针对前一位教师的课堂教学中存在的问题产生新的设计，在下一节课中由另一位教师跟进并尝试解决，以“教学设计——课堂观察——反思调整”这一循环跟进模式，对具体问题进行较细致的研究。

3. 有效沟通策略

要实现有效沟通，首先要明确什么是有效沟通。我们所理解的有效沟通是指沟通是一种感知，是发生在具有相同或相近的经验领域的，运用彼此熟悉的表达方式，使相互间理解语句背后想要表达的看法与意思。沟通是一种期望，因为我们所体会到的，都是我们期望体会到的东西，人的心智模式会使人强烈抗拒任何不符合其“期望”的企图，出乎意料的事通常是不会被接收的，而有效的沟通将实现一种“唤醒”。同时，在沟通中产生要求。如果沟通能够符合交谈者的渴望、价值与目的的话，它就具有说服力，这时沟通会改变一个人的性格、价值、信仰与渴望。假如沟通违背了交谈者的渴望、价值与动机时，可能一点儿也不会被接受，或者最坏的情况是受到抗拒。还有一点要注意的是，沟通不是简单的信息罗列。沟通以信息为基础，但在人与人的沟通之间，信息是中性的，信息过多或不相关都会使沟通达不到预期效果。而沟通的背后都隐藏着各自的思考与意图。有效沟通由于促成了彼此的默契理解和不同意愿的达成而显得多姿多彩。为了促进团队工作的顺利开展，成员间能准确理解其思想，团队成员间必须保持良好的沟通。这里我们侧重培养积极倾听的技能与有效反馈的技能。

积极倾听的技能。积极的倾听是有效的倾听，即要求倾听者投入，站在说话者的立场上理解信息，积极倾听技能对倾听者的基本要求是专注、接受和对信息的完整性负责。人际关系专家研究开发了一些有效的倾听技能，如倾听时，与说话者保持目光接触、表现出点头或赞许的表情；在听人说话时要避免分心的举动；针对说话内容提问、复述；不要随意打断说话者；听者不要多说话；使说话者与听者顺利进行角色转换等，这些都是我们在实践操作中可以具体用到的。

有效反馈的技能。成员在进行信息交换时，反馈作用是不可忽视的。反馈就是对所获取的信息做出反应。反馈中要注意做到，强调具体行为，不要针对人而应针对观点或行为，永远不要说“你真笨”“你太无能”之类的话，使反馈指向目标。同时，掌握反馈的时机也很重要，比如对错误的做法要及时指出，注意观察需反馈对象的情绪，确保对方准确的理解。反馈要指向可控的行为，不要指责信息发送者本人无法控制的内容等。

在实际操作中，我们把这些沟通的相应策略融入教师团队交往的细节中，使教师在应用中学习，在学习中应用。

（1）开设继红讲堂，创设多维对话空间

这是一个开放民主的空间，在这里“对话”不是用一种观点来反对另一种观点，也不是将一种观点强加于另一种观点之上，而是一种“共享”，共享知识、共享经验、共享智慧、共享人生的意义与价值等。学校从对话成员的不同层次组成、对话的主题内涵、对话的组织形式等多个维度，积极为教师创设对话空间。如：

与教育专家对话。针对问题聘请专家讲座，现场对话，实现专业引领。

我们聘请肖川、靳家彦、窦桂梅等名家多次来到学校，与教师进行对话交流。

与同伴对话。我校每月第三周各组要利用周二备课时间针对研究的问题，针对读书进行一次研究、交流。

与学生对话。和学生召开座谈会，举办“老师我想对您说”主题作文竞赛等。

与自己对话。与自己的对话更多地体现为一种习惯性的反思，如面对自身教学设计的反思、课堂教学的反思、对教学行为的反思等。

名师的专题讲座。以名师为引领召开专题讲座，开展“学校文化”“实践智慧”等问题的研究。

青年理论小组的深度会谈。如“教育人生规划”“教育细节”研究内容。

在各种形式与主题的对话中，让教师在沟通中学会沟通。同时通过组织以“教育的智慧”“合作学习”等为专题的深度会谈，通过组织名优教师的专题讲座，通过以研究课为载体的课堂教学观察等团队学习活动，教师从实际教学活动中对自己的教学技巧和教学效果获得回馈，通过个人对议题的诠释和在对话过程中新观念和新知识的引入，提供新的思维方向，在合作与分享中，教师获得合作与协同发展的能力。

（2）伙伴互助，密切合作关系

为更好地帮助教师搭建合作互助的平台，在校本课题研究中，我们精心组建实践合作共同体：由专家、学科领导、学科教研员、科研室、科研人员、优秀一线教师共同组成，形成优势互补的研究共同体，共同参与行动研究的全过程。共同确定问题并参与课题论证，进行问题分析和反思。在研究中共确定了13项校本课题，涉及教学流程的各个方面——“开放式教学”“微型情景教学”“课程资源”“网络环境教学”“信息收集能力”“合作学习的方式”“实践性作业”“引入家长参与评价提高科学素养”；涉及学科教学的热点问题和最新概念——“低年级阅读兴趣的提高”“音乐创编活动”“美术欣赏评价”“合作类体育活动”等，以身边的教育问题为着眼点，研究课改前沿问题。

另外对青年教师与骨干教师的师徒结对情况，我们针对师徒共同研究的问题，进行展示汇报，以此来有效发挥校内骨干教师的辐射作用。这种伙伴合作形式使教师在一个共同问题研究中沟通更加密切。

（3）在各项活动中培养责任意识

在学校的各项大型活动中，由对教师的个人评价变为侧重于团队的集体评价。如在学校的艺术节、体育节、优秀课题组评优等评选活动中，以团队教师的共同表现为评价的主要依据，实行组内教师的荣誉共享、责任共担。名优教师作为团队的核心人物，要充分发挥引领作用，以身作则，以自己的实践带动团队成员，培养他们的责任感和凝聚团队的向心力。

五、团队目标建设在教师专业发展中的作用及意义

我们通过以团队目标建设为切入点的教师团队建设，激活学校的内部潜能，增强学校的发展能力，保证沟通渠道的畅通和多元化，不断加强反馈，促进学校内部组织间的沟通与协调，扩大教师的参与决策机会，尊重教师教学专业选择权，通过团队成员的共同努力在团队中产生积极的协同作用，使团队的绩效水平远大于个体成员绩效的总和。

（一）以系统思考和共同目标为基础，发展教师的自我规划

在教师的个人专业发展中，一个突出的问题就是缺少个人明确的发展规划。如果教师在学习和发展过程中没有目标，没有规划，那么学习所取得的效果就可想而知了。因此，在教师专业发展过程中，重要的一点就是发展教师的自我规划能力。教师的自我规划就是运用系统思考，对“为何学——学什么——怎么学”进行系统设计，制定自身的工作与学习的计划。而在团队中，通过对团队目标建设的全程参与，引发教师对个人的学习和发展进行系统思考。在学校总体目标和团队目标的不断修正与完善中，规划着自己的教育人生。在实现自我规划中，教师在把工作和学习有机结合的同时，不断自我激励、自我超越，实现新的自我价值，增强自身的责任感和使命感，在工作中不断地“感受生命的涌动和成长”，使自己的工作“闪现出创造的光辉和人性的魅力”，从真正意义上感受到作为一名教师的尊严与意义。

（二）在团队互动中突破思维定式，提升教师创新能力

长期以来，教师由于过于依赖传统的教学方式，习惯了熟悉的教学理念、教学环境、教学内容和教学管理等，已经形成了习惯性思维定式和行为取向。由于习惯于传统教学方式，教师存在着根深蒂固的“教材为本”的思维定式，导致习惯于“教”而不重视“研”；习惯于碰到问题“等、靠、绕”，缺乏开拓创新精神，由教师走向了“教书匠”。新课程改革对教师提出了新的要求，教师要变被动为主动，不断自我超越，尽快适应新课程改革，提升创新变革的能力。这就要求教师要转变思维方式，从过去旧有的心智模式中解放出来，与时俱进，用全新的思维去观察变化了的世界。我们的团队正是为教师提供了这样一个抛弃成见、敞开胸怀，建立与同伴协作交流的平台。我校教师通过多层次、多主题的对话与研讨活动，通过一次次以具体课例为载体的现场交流，在一次次头脑风暴的洗礼中，在一次次的思维撞击中，迸发着教育智慧的光芒。经历从痛苦到喜悦的心灵体验，老师终于能够主动找差距，以诚恳的态度听取别人的意见，以开放的心灵容纳别人的想法，不断改变观念、态度，变被动为主动，变挑战为机遇，追求自我提升与自我成长。

（三）提倡教师团队学习，激发集体智慧

工作中，教师常常感到工作压力大，工作与学习之间常出现矛盾，科研能力不足，学习力不强。这主要因为教师之间没有形成同伴互动，任何一个教师都不能脱离群体而工作。缺少互动、缺少组织内外知识交流的学习，很容易造成学习资源的局限性、学习方式的单一性，进而造成教师学习的局限性。教师群体的文化对教师的专业成熟也同样重要。通过教师间建立共同愿景和系统思考，形成学习团队，通过团队组织之间的合作、互助学习来共同提升，从而减轻教师个人的负担。面对课题研究中的一些问题，急需有一批优秀教师先行攻坚克难，突破问题研究的瓶颈，引领课题研究的深入。而我校现有各级骨干教师 82 名，占专任教师总数的 52 %，其中省级骨干 16 名，市级骨干 31 名，区级骨干 35 名。各级骨干教师均匀地分布在各个学科与学年组中，实现了均衡化、层次化发展的良好态势。为此，我校借助骨干教师优势，以自选的研究问题的平台，组建教师团队，以此提升研究合力，深化课题研究。以“研究一种教学方法，结一组研究的对子，上一节邀请课，写一篇精品案例，建立一个团队成长档案”主题活动为平台，提升学习研究合力。

（四）营造学校学习文化，建立知识共享平台

创建有助于教师专业发展的民主、和谐和合作的学习文化是教师专业发展的依托。“人因学习而发展”，面对社会的发展与知识的快速更新，教师必须首先成为终身学习者，通过长期连续的学习，将外在的学习逐渐“内化”为教师专业发展所必备的知识能力。在团队学习过程中，我们要求名优教师要成为学习、发展最快速的人，在个体学习的基础上促进团队学习的发展，以团队学习的内容指导个人的学习模式，呈现为一种互相学习、互相促进的发展过程。

在教师个体的自主学习中，我们帮助教师通过设计教育人生，对个人教育教学的全程反思等方面，鼓励教师建立个人愿景， 树立以“问题”为本的意识，培养教师形成系统思考的能力与习惯，在不断自我超越的过程中学会学习。引领教师开阔学习的视野，参加教学大赛和学术会议，亲临国内知名学校乃至国外考察，让我们的教师在最新鲜的、最前沿的教育信息中快速学习。敦促教师沉静学习的心态，在与名师名家对话、专著阅读中感悟经典，积淀丰厚的人文内涵，获取精神的力量，享受学习的乐趣。鼓励教师在学习中凝聚自己的教育感悟，促进个人教育思想的形成，以文字的形式加以梳理和创新，在教育报刊上、在网络中发表自己的文章，以文会友、以文扬名，创建一片个性化的学术天地，进行创造性的学习。仅在这一年中就有几位教师发表了文章；所有名优教师都参与了网上教育论坛；姚丽娟、董晓烨、陈晓东三位老师分别在南岗精品教育论坛上设立了自己的专题；英语组教师在“教育在线”上设立了继红小学英语教育沙龙；我们学校还在“教育在线”上设立了继红小学教师课堂教学实录专栏等等。以学习方式的转变带动了工作方式的转变，从中体会教育工作的幸福，进而让学习成为一种生活方式。

在教师个体自主学习的基础上，我们着力打造团队学习方式。视团队为一个学习系统，通过组织教师的专题会谈，名优教师讲座等教学研讨活动，让教师在工作与学习相结合中，提升专业知识与能力，达成自我实现与促进组织发展的目标。

（五）以团队评价为激励，促进和谐发展

在教师团队评价中不仅是面向结果的考核，更注重的是面向过程的管理。当评价的目光转移至团队时，就意味着把团队各成员捆绑在同一个发展平台上，促使团队关注每一位成员的现状和发展趋势，这样他们就会发现许多问题亟待成员之间达成共识，并积极地进行配合并付之行动，使原本行政式的指令变成教师的自觉行动。同时，作为同层次或水平相近的骨干教师，在团队中更容易形成“比优比好”的心态，使他们自始至终处于既合作又竞争的状态，和谐共进。

2006年11月，我校为研究成绩突出的五年级教师团队，以专题研究的形式召开了主题研讨会。既是对研究问题成果的推广，又是对团队全体成员取得成果的肯定，使骨干教师获得更高层次的成就感与满足感。

回顾这一段时间的研究，我们感到基于校本教师团队的教师专业发展，应直接以教师的提升为目的，可以更好地将教师专业发展活动与学校的实践背景结合起来，与教师自身的日常实践工作结合起来，使得教师能从他们熟悉的实践细节开始，逐渐引领教师形成共同的愿景。在这个以校为本的教师专业发展过程中，教师有更多的机会参与自身的专业发展设计，分享经验与困惑。团队目标的创立在学校空间与个人空间之间达到了相对平衡，使得教师对教育教学的过程和结果有一定的主人翁意识，在实践情景的互动中，不断主动地改进和完善个人的专业技能与专业知识，有效地促进了教师的持续专业发展。

管理之路

教学管理

新课程视角下的反思

2003 年 5 月

伴随着课程标准的实施与新教材的使用，教师的专业化发展作为首要问题摆在了我们的面前。反思被普遍地看作是教师专业化发展的决定性因素。正如考尔德希德所说：“成功的、有效率的教师倾向于主动地、创造性地反思他们事业中的重要事情，包括他们的教育目的、课堂环境以及他们自己的职业能力。”美国心理学家波斯纳更是提出了教师成长的公式：成长＝经验＋反思。

我校对什么是教师的反思，教师应反思些什么，如何发挥反思对教师专业成长的决定作用，怎样培养反思型教师等问题进行了研究。

一、教后记式的反思

随着新教材的使用，新课程、新理念令多少教师耳目一新。各种理念、教材、做法还来不及理解、消化、吸收，就被教师们一股脑地吞进了肚里。为了适应新形势下的教育工作，及时检验工作中的得失，更好地走进新课程，我们开展了丰富多彩的教后反思活动。从参加人员上看，有个人反思、集体反思、师徒反思；从教学时间上看，有一课反思、单元反思、周反思、月反思；从教学内容上看，有教学方式反思、学生评价反思、教材处理反思等等。

一年级是全面走进新课改、全部使用新教材的年级，一年级教师承担着探索课改之路及为后人积累经验教训的重担，因而反思成了教师重新认识自己、更新观念、提高实践能力的主要方式。在短短一学期时间里，教师们参加的集体反思活动就达 78 次，累计时间 70 多小时。反思培养了教师们的职业敏感，使他们自觉地发现问题、解决问题。他们结合工作实际提出了近百个问题，并在后续的研究中尝试解答了其中的 42 个。大量的反思为教师的观念从“量”到“质”的飞跃，做了坚实的铺垫。

二、主题案例式反思

随着课改工作的不断深入，我们意识到，前一阶段的反思只是一种“量”的积累，如何让反思向“质”的深度推进？我们认为，要把反思工作做细、做实、做深，让反思真正为教育教学服务。为此，我们为全校教师搭建了多个有效平台：骨干教师每月的主题研讨，是各级骨干教师重新审视自身的教学理念，获得再提升的平台；青年教师每月的案例分析，是他们理性地学习他人经验，批判地接受传统做法，尽快成长的平台；每周二例会上全校教师 20 分钟的课改沙龙，则是全校教师获得最新信息、分享实践快乐、提高综合素质的大平台。每一个平台，每一次反思，都力求主题鲜明、案例充实、低耗高效。正是在这样大大小小的平台上，我们对“新课程下如何评价一节课”“课堂上教师怎样处理偶发事件”“低年级学生如何进行合作学习”“一年级学生识字方法有哪些”等问题，进行了深入的探讨与反思。经过实践、交流、反思，再实践、再交流、再反思的过程，教师们对新课程的理解更深入了，对一些问题的认识也更明确了。

例如，在“倡导算法多样化，方法是否要择优”的主题反思中，每位教师都结合自己的教学实践，发表了看法。有的教师质疑：“数学本身就有严密性、简洁性、合理性的特点，明知解决问题有最简便的方法，却不择优，怎么使学生原有的认知水平得以提升，怎么体现教师指导者的作用呢？”对应的回答是：“如果把最优化的方法强加给学困生，他们一时理解不了，只能死记硬背，那学习的主动性就无法体现。”

一年级的梅红老师曾就上述问题进行过多次实践、反思。她把自己的反思体会讲给了大家："提倡算法多样化、方法不择优是课程标准中的一个新观点。在具体实施的过程中，对有差异的学生进行有差异的教育，让他们学习自己需要的数学，实现个性化的发展，是教学目的。经过反复实践，我认为这样做比较合适：当一部分学生把各种算法提出来后，请大家选一种自己喜欢的方法讲给别人听。那些学困生虽然想不出，但他们可以在若干种算法中选一种适合自己的来学习；那些有自己想法的学生，可以在比较、筛选后选择更适合自己的方法。这样，就使不同程度的学生都有了一个再选择、再提高的机会。我做过统计，在选择方法时，80%的学生都选择了合理简便的'凑十法'。可见，学生大多具有在实践中自主择优的能力。关键是这个'优'，不能是教师强加给学生的，而应是学生在实践中主动选择的。"

一年级的任志华老师也谈了自己的看法，她说："新课程有一个观点是要学会等待。对那些没有学会自主择优的学生，我们可以耐心等待一段时间。随着知识的积累、思维的发展，他们总有一天会意识到自己的那种算法不简捷、不方便，那时他们就会自主择优。"

在这样的反思中，大家对问题的认识越辩越明晰，理解也越来越深入。有些问题通过一两次的反思解决不了，大家可以带着不同的见解去实践，让事实说话，然后再进行第三次、第四次的反思。如此循环往复，大家带着问题走进反思，又带着新生成的问题走向课堂实践。

三、课题研究式反思

新课程下的教师要成为研究者，从而使教师的工作获得尊严和生命力，使教师群体从以往无专业特征的"知识传授者"角色，转变为具有一定专业性质的学术研究者，进而改变自己的社会形象与定位。主题案例式的反思使大家尝到了从个体反思过渡到群体的主旨鲜明且具有研究性反思的甜头，从而也启发我们进一步思考，如何使反思对教师的成长起到专业引领的作用。于是，我们把科研课题的研究与反思紧密结合起来，各学年、学科成立科研课题小组，把传统的学年研究课定为“课题式反思性研究课”，要求教师在备课、上课、评课等一系列教学环节中，结合本组的科研课题进行反思，求得科研的实效，使反思深入发展。

例如，思品学科的孙琳老师以“如何培养学生收集、处理信息的能力”为课题，通过每一阶段的实践、反思，再实践、再反思，不断地研究新问题，想出新对策，取得了良好的研究成果。开始，她发现学生收集信息的渠道单一，甚至不知道怎样去收集信息，于是她把研究的重点放在指导学生了解和学习收集资料的方法上。比如，在教学《尊重民族习惯》一课中，她按学生意愿把他们分为网络组、报刊组、小记者组、服装组四个小组，让他们各自收集资料。她对网络组进行了两次培训，指导学生寻找相关网站，下载、打印所选资料；指导报刊组学生收集资料时要注明资料来源，即书刊名称、日期、文章名称、作者姓名、主要内容摘录等；服装组和小记者组是两个涉外小组，学生出现了畏难情绪，她就指导他们如何面对别人，如何与别人交往，如何克服困难、战胜自己。

经过一个阶段的训练，学生收集信息的能力明显提高，但在课堂上发布信息时要么答非所问，要么照本宣科，毫无重点。经过课题组的研究，孙琳老师又把下一阶段的研究重点放在培养学生分析、处理信息的能力上。如在《尊重民族习惯》一课的教学中，引导学生学会判断信息资料的真伪、优劣，识别对本课研究有重要关联、有价值的资料，淘汰边缘资料；教学生怎样有条理、有逻辑地整理与归纳资料，发现信息资料间的关联；指导学生在小组合作学习中，综合整理各组员的信息进行判断，得出相应的结论。

课题组全体教师经过跟踪探讨，一致肯定了孙老师的工作，并且提出了更高的要求：针对学生在交流的过程中信息有交叉、重复，不太会根据同伴交流及时删减、调整所收集信息等实际问题，确定了下一阶段研究的目标是培养学生通过倾听及时调整信息的能力，提高信息交流的密度。现在，该课题仍在继续研究之中。

再如，进行“语文阅读达标实验”课题研究的张凌辰老师，把以往最枯燥无味的古诗教学作为突破口，培养学生自主学习的能力。他把古诗教学分为初读、析读、品读、赏读四个环节。先在初读、析读两个环节中放手让学生自学，然后引导学生课下查阅工具书，阅读相关诗集、背景资料，并在课堂汇报交流，取长补短，使学生真正参与知识形成的过程，学得有趣、轻松。经过反思，课题小组成员认为，这种尝试是成功的。于是他又大胆地把品读、赏读的环节交给了学生，即一改以往的一句接一句地品、一句接一句地赏的死板方法，喜欢哪一句就品哪一句，想怎样赏就怎样赏（或吟，或唱，或改写成故事，或改写成现代诗歌），给学生充分的自主学习的空间。这极大地激发了学生的潜能，让学生的思维在短小的古诗留下的巨大空间里尽情驰骋。现在，他正在尝试让学生自主选择古诗教材，学自己所爱，学自己所需，让自主学习再上一个层次。

在课题式反思型教研活动中，学校涌现出许多收到实效、值得推广的好课。如在数学学科“研究性学习”课题组林淑华老师的《数字与编码》一课上，学生对电话号码、门牌号码、邮政编码、身份证号码等日常生活中常用到的数字进行了研究，发现了规律，并设计出自己的学生证号码。在语文学科“综合实践学习”课题组董晓烨老师的《中国茶文化》一课上，学生汇报茶诗、茶对联，介绍茶的历史，展示茶具、茶艺，开特色茶馆，招揽顾客……学生研究得津津有味。在美术学科的“学会审美”课题组董迎秋老师的《巴黎服装展示会》一课上，学生利用废旧的报纸、挂历纸、皱纹纸、浴球、毛线绳、塑料绳、磁卡、画片、酒瓶盖等材料，进行平面、立体创作。他们大胆想象，设计出了新奇独特的服装，召开了“巴黎服装在我班”的服装展示会。科学学科“通过丰富评价形式，促进学生科学素养的发展”课题组陈晓东老师的《溶解》一课，让学生对自己在探究中的行为以及由此产生的结果重新审视和分析，并通过自己的评价呈现新的知识增长点，从而生成了一个有活力的课堂。陈老师说得好：“对于评价，我们必须把它将筛选淘汰人的‘筛’变成使人得到提升和发展的‘泵’。”

在全国第十二届学术年会上，我校展示的教学资源包、《春江花月夜》的古诗吟诵、服装展览等，都是教师从课题研究反思中得到的成果。可见，反思提升了教师的理论水平，为教师的教研活动注入了生机，带来了发展。

四、做专家型教师是我们永远的追求

新世纪、新课程需要专家型教师，学校发展需要专家型教师的引领。目前，国际上在教师培养与发展方面十分流行“反思模式”和“行动研究”的做法。行动研究是培养反思型、专家型教师的重要途径之一。所谓行动研究，即教育情景的参与者为提高所从事的教育实践的理性认识，为加深对实践活动及其依赖背景的理解所进行的反思研究。它是一个螺旋式加深的发展过程，而每一个螺旋发展圈又包括四个相互联系、相互依赖的环节：计划、行动、考察、反思。在以往的实践中，我们深切体会到反思研究带给广大教师的益处。接下来，我们将把“反思模式”与“行动研究”更紧密地结合在一起，以学校科研室为龙头，规范我校的科研工作，提升科研质量和教师科研水平，建立科研课题分级管理网络制度、科研例会制度、资料整理制度及科研过程监控与通报制度，启动一项科研基金——“翔鹰”基金，确保我校科研工作的深入开展。

成长无法替代，发展必须主动。如同学生的成长是他们自己的事情一样，教师的职业成长也是外在价值引导下的自主完善的过程。只有注重激发教师的自我提升动机，调动教师积极的自我反思与实践，使其以主体身份投入其中，教师的教育教学观念、教育教学行为和能力才会有本质性的提高，专家型教师的成长与造就才有可能。

追求有效教研，实现主动发展

2002 年 12 月

继红小学的办学思想是“追求优质教育，实现主动发展”。在这个理念的引领下，我们的校本教研，无论是课程开发，还是教师培养、教研活动，都紧紧围绕这个核心，在追求有效、实效、高效的过程中实现主动发展的目标。

一、课程开发——在自主整合中收到实效

课改的深入促进了教师课程意识的增强，尤其是三级课程的实施，更是给了广大教师开发课程资源的空间，如何在课程开发的过程中让师生都积极主动地参与进来，从而实现教学的有效性，我们对此进行了探索。

以综合实践活动课为例，该课程是基于国家规定、地方管理、校本开发的三级管理课程，因而在实施综合实践活动课程的过程中，学校不能仅仅把综合实践活动的实施当作一个执行的过程，而是要结合学生特点、学校实际和社区背景，创造性地开设综合实践活动课程。我们继红小学前身为“东北烈士子弟校”，是一所有着光荣历史和传统的学校。学校地处三区交会的繁华地带，与烈士馆、少儿图书馆、一曼公园、市电大、哈三中相邻，所在社区有远大、秋林等大商场，还有医大一院、龙江剧院、电影院……因此，我们主要从社会实践与社区服务、研究性学习和信息技术三方面入手，整合课程资源，开发出了与学科教学相结合的《石头记》《纸桥称重》《创编游戏》《走进秋天——制作昆虫标本、制作树叶标本》《社区环境调查》；与信息技术相结合的《公益广告》《鸡年说鸡》；与民族传统文化及校园文化相结合的《粽叶飘香》《刻纸》《中秋节与月饼》《名著知多少》；与周边环境和社会热点问题相结合的《珍惜水资源》《关注苏丹红》《关注物价》等主题活动内容。利用学生身边的资源开发的综合实践活动课程，引发了学生研究的兴趣，让学生在活动中积极参与、自主体验、自我感悟、自觉反思，培养和锻炼了他们观察、思考和与人相处、交流的能力，使他们学会关注身边生活、学会做事、学会做人，从而提升了学生的综合素质。

二、教师培养——在自我规范中达到有效

学校不仅仅是学生成长的学校，同时也是教师成长的学校。基于这种想法，学校从两个角度和三个层面来加强对教师专业成长的培训，促进不同层次教师的发展。两个角度：一是基于学校发展的需求和教师现状，学校对教师进行的群体培训；二是来自于教师个人发展需求的教师个体的自我培训。三个层面：一是青年教师的综合素质培训；二是骨干教师提高课堂教学水平的培训；三是名优教师发挥辐射引领作用，促进个人专业成长的名师工作室的培训。

以提高骨干教师课堂教学水平的培训为例，我们主要是通过行动研究搭建各种平台，提高骨干教师的学习力、研究力，进而提升他们的课堂教学能力。在行动研究中首先进行问卷调查，了解教师的需求，以身边事为着眼点，确定研究的问题，如“英语分层教学”“合作学习”“活动式教学有效性的研究”“生活问题数学化，数学问题生活化”等。然后进行专家专题讲座，引领骨干教师对研究的问题提高认识。肖川、芦咏莉、窦桂梅、靳家彦等名家多次到我校上课，听课，评课，进行专题讲座；同时，我校送出近百名骨干教师先后四次到北师大和日本学习、培训。接着进行骨干教师专题研讨和组际同一问题研究，先后进行了语文课堂教学方法的研究、关于合作专题的研究和中高年级数学教学方法研究。如在合作学习专题月的研究中，体育学科三年组和四年组的教师共同参与，进行了 9 次课题课的跟进与课堂教学观察，从跨学科领域的学科互动中，提高了对问题研究的理解与认识。对于各级骨干教师来说，每学期的“课堂教学开放周”和“五个一”主题活动是传统项目，只是每学期根据学校和教师不同的发展目标要对具体内容进行调整。这两个传统项目让家长与社会更了解学校，加大了监督的力度，促进了教师的自我提升和发展。

我校在青年教师和名优教师的培训上也都力求做到扎实、规范、有效。正是通过这样系统、规范、严格的培训，使青年教师、骨干教师、名优教师在新课程背景下较快地成长起来。继红的教师队伍呈现出阶梯状良性发展的势头，得到家长和学生的认可。在每一届新生入学，社会各界关注挑班、挑老师的情况下，我校每届20多个班级、1000多名家长没有发生过一例这样的问题，继红的整体实力和良好声誉得到了社会的认可。

三、教研活动——在团队发展中收获高效

我校是黑龙江省办学规模较大的一所小学，现有5200多名学生，93个教学班，205名教职员工。在这样大的群体中，如何让教研活动开展得扎实有效，保证每一位教师都参与、都受益，我们通过组建各层次的教师团队，把教研活动置于团队这样一个大背景中，将常规教学工作由原来的个体应对，转向团队的共同设计与研究，形成个体智慧与团队智慧的互补与完善，取得良好的效果。

2002年，在南岗区学习共同体学校理论引领下，我校以教师团队学习为切入点，启动了“3123名师团队”工程，培养教师团队的领跑人。我们将教师最关注的、教学中最急需的“改进教学方法研究”作为研究平台，在个体学习和团队学习两个层面交互展开过程中，每一位骨干教师在个体学习的基础上，对自己的教学实践和教学行为等重新审视，形成较系统的思考，进而通过两个平台的建立引发团队学习。建立校内教师共享平台，开设继红讲坛，以“常用教学方法分析”为主题，进行专题研讨；建立骨干教师团队研讨平台，提升骨干教师学习、研讨的层次与水准，确立关于改进教学方法的研究专题，做到有思考、有学习、有实践。

这种以内在需求为纽带的学习方式，将大家牢牢吸引住了。一时间，团队成为教师们在学校内快速沟通、汲取教育智慧的能量之源。之后，源于教师实际教学工作的需要，不同骨干级别、不同教龄、不同学科教师之间自发组成了各种研究小团队，其中有基于学年、学科组的特色团队，有基于教学经验的青年教师团队，有基于教学方法研究的问题型团队，有基于学科整合的组际团队，有基于教育智慧传递的师徒团队，等等。团队中，有的是一人对多人，也有的是多人对一人，或一人对一人。这些团队看似繁多松散，却脉络清晰，信息沟通顺畅快速，深入细化到教育教学的每一个细枝末节。

如 2002 年新学期开始，我校二年组有两位年轻老师，一位刚刚毕业，一位刚从科任教师转向班主任岗位，她们和同学年的一位区级骨干教师结为小团队。四年来，一直坚持着两人先听另一人的课，由领导点评，找出优缺点后，第二个人立刻再上，听完再评，第三个又上。三个人还轮流听其他骨干教师的课，经验共同分享。就这样，她们一直互相帮助，共同努力，走过了四年，不仅个人快速成长起来，也带出了三个优秀的班集体，并在南岗区多次获奖。像这样的小团队，在教研组内和教研组间普遍存在。大家都形成了研讨的习惯，每天早上或放学后，几个人在一起把昨天的问题、今天的想法说一说，议一议，评一评。基于课堂，富于实效，教师团队充满活力。日积月累，便形成了一种富于继红特色的校本教研常态，也使教师们找到了研究的兴趣点，找准了发展的方向。

像这样，无论是青年教师的“百花奖”，还是骨干教师的“创新杯”，抑或名优教师的“继红讲堂”等，几乎所有的教研活动教师们都自觉地以团队形式来参与，同时学校也以团队为单位进行评价。在团队中，教师获得了成长的力量，感受着成长即成功的职业幸福。现在，我校在各学科、学年组当中均匀地分布着 79 名骨干教师，占专任教师总数的 62%。在首届哈尔滨市学科带头人评选中，我校6个学科中均有带头人入选。他们成为带动团队发展的中坚力量，引领着各自的小团队，推动着继红这个大团队在发展中享受着低耗、高效的快乐。

我们认为，有效的教研活动的开展，不在数量而在质量，不在好看而在实用，好用、实用、管用即有效。在课改深入实施的过程中，我们将继续本着实事求是的原则，发扬脚踏实地的精神，追求有效教研，实现主动发展。

研培一体，提高教学质量

2004 年 1 月

继红小学一直坚持以教学工作为中心，认真落实区教育局的工作部署，以重实际、抓实事、求实效为教学工作的基本原则，以培养学生创新精神和实践能力为重点，以新课程改革为契机，加强教学常规管理，深化课堂教学改革，认真落实课程计划，落实教学常规，落实教学改革措施，抓好教学监控，大力推进素质教育，大面积提高教学质量，从而加快学校的发展。

一、以校本教研促进团队目标建设

我们坚持以发展为主题，以关注学校发展为根本，以促进学生的发展为宗旨，以教师为研究主体，以课程改革实施过程中学校所面对的各种具体问题为对象，开展校本教研工作，使每位教师专业化水平不断提升，使教师、学生、学校和谐发展。

1. 加强学习和培训，增强全体教师发现问题、研究问题的意识

在基于问题的研究论证中，南岗区初教科和进修学校的各位领导就我校研究的问题提出了中肯的建议，其中最主要的问题是：如何将教师团队目标建设与教育教学工作紧密结合。其实，这也是我校一直在思考的问题。教学永远是学校工作的主线，是教师的主要任务，教师团队目标建设若不能为提高教育教学质量服务，将失去意义。同时，教师团队目标建设若不能与学校教育教学工作紧密结合，也将是无根之木、无源之水。所以我们思考更多的是，将这样一种来自于教师需求的团队发展，与教育教学工作相结合的形式与途径，如何在教师团队目标建设中实现我们的研究设想，

达到学校、教师、学生的多赢。

为此，工作中我们确定了整体规划，分步实施的策略。由这一个问题的研究为统领，将学校教育教学、科研培训等多方面整合，紧紧抓住教育教学这条主线，以教师团队目标建设为载体，将研究任务层层分解，在扎实推进教师团队目标建设中促进教学、提升教学。

3月，我们着力进行的是教师团队学习。以团队的形式进行读书汇报，让教师在学习交流中，更深刻地认识团队，理解团队，感受团队学习带来的大信息量和思想的互动与生成，让教师们切实感受到团队对自身发展的重要，同时也在其中有意识地渗透给教师们去思考：我要从团队中获得什么，我要为团队贡献什么，我需要什么样的团队。

4月，主要做了两件事：第一，制定继红团队总目标；第二，引领教师在分组团队活动中寻找研究的问题。首先，在教师需求评估的基础上，结合上级领导布置的工作任务和学校的发展需求，我们开始设计继红学校团队大的发展目标。我们主要通过教师的学习座谈、问卷反馈、个别访谈等形式进行教师需求评估，并形成相应的量表，充分体现来自教师的需求和建议。由校领导、科研室、各学年学科团队负责提出预案，之后经全校教师的讨论、审核、修订，最后确定实施建议稿，以便在今后的工作中修正和完善。全员参与的目的，一方面是保证目标确实是来自于教师需求，教师有追求的内在动力；另一方面，是让教师们在参与中了解并理解，教师分组团队目标的制定必须要基于明确的问题。为此，在5月制定分组目标之前，我们要先有计划地搭建团队活动的平台，让教师们在教育教学实践活动中寻找、确定要研究的主要问题。这个活动平台就是学校一年一度的“创新杯”教学大赛。这届的“创新杯”与以往不同的是，骨干赛课，团队评课，将骨干教师上课的成绩与团队评课的成绩合在一起，作为评价依据。这样，既达到了骨干教师的引领带动，又实现了团队的全体参与，整体提高，让各团队边工作边思考，哪方面是教师们最需要解决的，并可以在团队中达成共识与分享的，为下一步确定各学年、学科组的团队目标做好准备。

5月，主要做了两件事：第一，教师教学中亟待解决问题的调查与研讨；第二，各学年、学科组制定分组团队目标。现在，教师教学中亟待解决的问题调查已完成，通过初步梳理，已进行了第一次研讨交流，主题是如何做好月考的质量分析。接下来，我们将固定在每周二学校例会的前30分钟，就教师提出问题的百分比，依次进行专题研讨。通过这样一些问题的调查与研讨，将教师研究的方向紧紧锁定在提高教学质量上。学校在重视的同时给予方法，教师在团队交流中汲取营养，更有效地促进团队中与团队间信息的流动与有效的资源共享。同时，各学年、学科组针对各自的特点与教师的实际情况，设计制定自己的分组团队目标。

6月，我们进行的是教师个人发展目标设计。

7月，是团队目标的修正与完善期，在实施策略中补充进“修正与调整策略”。实施中我们发现，随着教育教学工作的展开和学生年龄的递增，总会有新问题不断涌现，为此团队目标也要相应地进行调整。所以制定相应的“修正与调整策略”是十分必要的。

通过这一段时期的工作，我们将以往教师们零星的组合和一些合作研究的问题，在学校整体规划与整合思考的框架之下，逐步规范化、系统化，使教师团队这样一种组织形式，在内部结构上，更趋于合理与科学；在活动形式上，更加丰富有特色；在研究内容上，与教育教学研究更加紧密；在发展方向上，目标更能形成合力一致向前。比如，在4月我校接待“阳光助教”活动中，我们就推出了以团队为单位的说、上、评活动，受到了与会领导和教师们的好评。

2. 提升集体教研的质量

改进和完善集体教研制度，并认真落实，充分发挥教研组的作用，使教师在先期独立思考、独立备课的前提下，增强同伴之间的相互交流、研究、互助。

（1）坚持每周二下午定期的集体教研时间与不定期的灵活的教研时间相结合。教研中既重视教研计划中工作的落实，又注意抓住平时教学中的突发性问题的研究和及时解决。

（2）始终坚持以单元起始课、重难点课为主要研究内容的研究活动，采取先个人思考，再集体说课、备课。一人先上课，并做录像，集体听课、评课，进行第一次反思；改进教案后，第二个教师再次上课，再次集体听课、评课，进行第二次反思；再次改进教案，形成较符合学生的实际情况，有助于学生发展的教学设计。

（3）在实践中构建“合作备课+上课、听课+参与式评课+反思型说课”的合作发展型教研模式，并提倡教师上课主动录像，经常给自己的教学工作照镜子的行为，增强教师自我反思的意识，提高自身的反思能力。采取“多人上一课”与“一课多种教学方式上”等课例研究的形式，充分发挥教师个体、教研组集体的作用；以年级组或学科组的形式定期做多种形式的研究信息发布，让教师始终以研究者的眼光审视、反思、分析和解决自己在教学实践中的问题，改进教学行为。

（4）加强组长工作的培训与指导，使教研组的功能充分发挥。本学期在组长培训之后，不少组长责任意识非常强，尤其在加强教研上下了很大的功夫。在工作中肯于思考，思考年级组的事和其他同事的事（尤其是青年教师发展之事），多于想个人的事。先人后己，抓好组中的大事。想方设法充分发挥每一位教师的作用，加强年级组的交流与合作，形成合力，提高研究的实效。我们看到各年级组的集体行为更多了，研究的频率更快了，研究的氛围也在逐步形成。

通过校本教研的有效开展，教师们感到，同事是教学信息和灵感的巨大源泉，有人与自己共同分担问题了，这种集体行为比单纯的自己努力可以收获得更多；合作还可以使我们试验多种方式来促进学生的学习；个人实施改革变化不大，教师集体参与可以加速改革的进程和提高。

二、深化课堂教学研究，提高课堂教学质量

1. 深化对教育理念的理解

在学习中思考、理解新课程理念。结合课堂教学中的问题，发现教师对于新课程的理念停留在口头上的多，体现对新课程理念深入理解的少，体现在课堂教学中的少，由于没有真正领会、理解新理念，严重阻碍了教师行为上的改变。所以本学期利用各种学习方式，加强了教师对新课程理念的思考和理解。在课堂教学实践中加深理解，我们把备课过程作为教学分析过程，把教案编写过程作为教学设计过程，把课堂反思过程变成分析学情和研究教学的过程。在每一次的年级研究课以及平时随堂听课后，注重新课程理念落实情况的讨论，结合实例，教师们对新课程理念的理解在一次次参与讲课、听课、评课中逐步加深。

2. 重视组内研究课的落实，切实解决年轻教师的实际问题

由于本校年轻教师多，我们把对他们的工作重点放在了发挥年级组的作用上，帮助他们过好教材关、上课关。组内研究课在研究中既重视研究学情、教师教学方式、学生学习方式的设计，又不忽视对基础知识、基本技能、基本方法“三基”教学的设计。通过课前研究、课上实践、课后反思，年轻教师积极参与，正在努力过教材关、上课关，一天天不断成长。

3. 把竞赛活动当作教学质量提高的生长点

注意把竞赛活动与日常教学活动相结合，与发现和培养教学骨干、学科带头人相结合，与深入开展教科研工作相结合，把竞赛活动当作教学质量提高的生长点。

以我校第五届“创新杯”教学比赛工作为契机，扎扎实实地开展校内业务大练兵活动。各级骨干教师全员参与，不仅把“创新杯”看成是赛场，更看成是练兵场。为使骨干教师参加的教学活动更具有研究性，此次教学

大赛共分三个层次：区级骨干教师上展示课，市级骨干教师上示范课，省级骨干教师上研究课。教师们勇敢地向自己提出了挑战，有的教师敢于讲难点，啃硬骨头，比如尚颖老师和王蓉老师这两位省级骨干教师就选取了总复习课作为研究课的内容；有的教师敢于讲以前从没涉猎过的内容；有的教师敢于讲学校刚刚开发的研究项目……

就像重视学生学习过程一样，每个教研组都在不同程度上重视了组内研究的过程。可以说，绝大多数的课从最初的个人思考，到组内的初次交流，将各自不同的想法融合、统一，产生最初的设计，到每一次教研后的修改，到试讲后的进一步交流，使教学设计更加贴近学生的实际。有的组一次次大胆推翻自己前一个设计，重新静下心来反思；有的组真是在一句一句地反复斟酌教师的提问是否做到了既实又巧；有的组在反复对比几个课件的设计，从中选择最能为学生服务的一个；有的组结合调查，认真研究如何针对学生在这一方面的学习中已有的经验、体会，精心设计教案，让学生有更大的提高……

在现场教学以及课后的说课、评课的交流中，我们深深感受到了每一节课都融入了各年级组教师的辛勤汗水和集体智慧。从这个角度上讲，这次“创新杯”的每一节课都是成功的课，真正体现出教师个人与教研组的努力，从而产生巨大的合力，更体现出和谐的研究氛围。

三、落实监控工作，及时发现问题、研究问题、解决问题

本学期重点进行了对教师教学质量的监控，对学生学习质量的监控，对教研组的监控，以及校级对全校各部门的全面监控，力争把各项监控工作做细、做实，防微杜渐，及时发现问题、解决问题。

1. 使教师进一步明确做好监控工作的目的，放下包袱，注重过程，真正有所得

本学期无论是个人、年级组，还是全校性的检查、交流工作，首先让所有教师明确检查交流的目的，就是绝不针对人，而是针对具体工作的落

实、规范，好的方面大家互学，有问题的方面及时发现，及时商量、改正，让教师们放下包袱，把各项工作做得扎实。不仅在工作开展之初提出明确的要求，还让各组针对这些要求商讨该如何有效地开展工作，有问题及时改进，达成共识，自觉做好。平时请组长注意提醒组员，按要求做到规范。在每次检查、交流之前，再一次重申重点要求，请教师个人、各年级组充分自查，及时改正。力争在检查、交流时，相互学到更多、更好的东西，同时发现问题及时提醒、及时改正。我们还注重交流的过程，学校检查完相关资料后一定会在组内创设一个交流的机会，教师们在相互交流中，会学到更多，也会更易接受。

2. 注重教学过程的监控

学校领导走进课堂，贴近教师和学生，每天进课堂至少听四节课，并能和教研组一起评课。学校领导走近学生，走近教师，及时了解教学实际，及时发现教师、学生当中出现的问题，及时提醒和改进，课后及时与各年级组说课、评课，以参与者的身份与大家共同探讨如何改进，有利于提高课堂实效，有利于学生的发展。本学期各单元的起始课、重难点研究课以及模式研究课等，都是在这样的氛围中进一步提高认识和不断改进的。共同研究之后，再由主讲人综合大家的意见，进一步修改，写出较为完善的教学设计。

3. 做好每个月的质量监测及质量分析，真正实现监测的目的——及时发现问题、分析问题、解决问题

重视学生学习过程的监控是检验教师和学生以及学校教学工作的一个重要环节。我校一直坚持每月一测试，并充分利用好月考，调动学生学习的积极性。尤其重视监测后的分析、反思、交流，以及对学生的反馈工作，真正实现监测的目的——及时发现问题、分析问题、解决问题。班主任给学生反馈之前，教导处主任与各年级组教师一定要共同分析试卷，看错例，找问题，重点从教师身上找原因，尤其是课堂教学中的问

题，共同制定改进措施。教师们要对每一次的监测和比赛情况做到心中有数后，再反馈到各个教学班。

4. 加强各组长之间的交流

为了充分发挥教研组的作用，本学期我校加强了组长队伍的建设。在对教研组组长的培训中特别强调了要树立三个意识，责任意识，教育无小事，以百分之百的热情解决百分之一的问题；服务意识，为教师服务，为学生服务；团队合作意识，团队要团结，交流，合作，和谐发展。发扬两种精神，即钻研精神和奉献精神。讲求一个艺术，即有效开展工作的艺术。以德育德，以爱育爱，以行动促行动，用自己的言行当作无声的教育，影响身边的每一个人。组长们的工作更加尽职尽责。我们还加强了组长间的交流，每月一次的组长会，大家结合本月的教育、教学工作，相互交流工作的开展情况，相互借鉴，针对工作中的问题，一起探讨解决办法。

在新的学期，我们会以更加团结一致的步伐，更加饱满的热情，更加实干的精神，投入到工作当中，力争将工作做到有落实、有突破、有创新。

在创新中追求实效，在主动中寻求发展

2007 年 4 月

教学常规管理是我们教学副校长每天工作的重点。以往我们的理解更多的是基于制度的约束和规范，对备课、上课、评课、辅导、作业、考试等的监督和检查。随着课程改革的深入，我们逐渐认识到教学常规管理更多的应该是为教师的发展需求服务，三级课程的课程设置、资源开发、课程实施等也必将融入教学的常规管理中。

继红小学几十年扎扎实实的教学管理传统，逐步完善的教学管理制度，已经内化为全体教师一种自觉的习惯，多年的积淀正在逐步形成富有继红特色的制度文化，得到了教师的认同。那么，借助三级课程实施这个契机，如何唤醒、激励教师的主动参与意识，表达他们的发展需求，使教师不仅仅是认同、接受，更是一个自主参与、寻求发展、自主创新、追求实效的过程，这是我们一直以来思考的问题。

一、“地方课程”注重整合，激励教师主动发展

地方课程地域特色鲜明，实践性强，涉及的知识面广，对知识构成单一、动手能力弱的教师形成较大冲击，在我们这样有大班额的学校中实施起来还存在着人员配备不足、课时课节不够的矛盾。为把三级课程坚定不移地落实到位，我们注重课程内容的整合与任课教师的整合，本着“班、科任教师相配合，专、兼职教师相配合，个人、团队相配合”的原则，我们共安排了 12 位教师，从学科搭配上看，有专职教师，也有兼品德与生活、品德与社会、数学学科的教师；从年龄跨度上看，有教学经验丰富的老教师，也有今年刚刚参加工作的年轻教师，还有年富力强的省级骨干教师。地方课程编写组成员之一的张海宁老师，担任地方课程教研组的组长，为教师做培训，领教师做研究，每周上一次引领课，每周两次深入年轻教师课堂听课指导。这样的人员整合最大限度地发挥了骨干教师、青年教师、各学科教师的资源优势。在课程内容上，一二年级与品生进行整合，三四五年级与品社、语文、美术、综合实践进行整合，使其他学科课程更具地方特色。在每学期开学初，地方课程教研组的教师分别深入学年与其他学科的教师共同备课，进行教材汇总，重组地方课程教材内容，避免教学时的冲突与重复，使学生在有限的时间内学得轻松、高效。例如，在五年级《我们的母亲河》一课教学过程中，全组教师重组教材的基本内容，渗透语文的一些阅读欣赏方法，感受体验我们的母亲河——松花江的美丽壮观，利用综合实践的材料、数据分析整理，制作数据统计图，说明松花江的变化和未来的发展趋势，最后让学生展开想象，运用美术课掌握的技能，用画笔描绘我们的母亲河——松花江的美好未来。通过这样的整合，学生在知识技能、美育、情感态度和价值观等方面都有很大的进步，地方课程也落实得扎实有序。

二、“校本课程”体现特色，促进学生主动发展

继红小学有5000多名学生，年龄不同，素质各异，面对这样的大群体，我们开发的校本课程既要适应学生各方面主动发展的需求，体现出综合性，又要紧紧围绕一个主题“做主动发展的继红人”，体现出整体性。因此，我们构建了“情感为主、艺体相辅、隐性稳固、必选同步”的校本课程体系，具体如下表。

“做主动发展的继红人”校本课程

艺体课程				隐性课程			必修课程			选修课程		
体育基地	艺术基地	文化基地	革命传统基地	校园节日	环境建设	民族节日	中华经典朗读	艺术类	体育类	信息技术	艺体类	英语

在艺体课程的四大基地中开发出国际象棋、乒乓球、篮球、游泳、跆拳道、少儿图书馆、烈士馆、一曼公园等十余个小基地；在隐性课程中，结合体育节、读书节、艺术节、写字节、端午节、中秋节等节日进行了课程的开设；在必修和选修课程中，开设的课程如下表。

继红小学“做主动发展的继红人”校本课程（必修类）

课程类型	课程主题	课程名称	适用年级
必修课程	中华经典诵读	中华上下五千年	一年级
		弟子规	
		三字经	二年级
		增广贤文	三年级
		对韵歌诀	
		对联集锦	四年级
		《论语》二十二则	
		名言名句	
		中国智人妙语	五年级
		经典古文	
	艺术类课程	口风琴	四年级
		竖笛	五年级
		木琴	四年级
	体育类课程	篮球	五年级

继红小学“做主动发展的继红人”校本课程（选修类）

学年	人数	类别	课程名称	地点	上课时间	总课时	教师
五年级	25	信息技术	Flash 制作	四楼微机室	周二下午（1:00–2:40）	14	刘敏峰
四年级	25	信息技术	机器人	六楼微机室	周二下午（1:00–2:40）	14	李壮阔
二三年级	40	美术	水粉画	苗 204	周二下午（1:00–2:40）	14	杨秀威
四五年级	40	美术	素描	素描教室	周二下午（1:00–2:40）	14	姚志航
二三年级	40	美术	版画	小楼 105	周二下午（1:00–2:40）	14	王　姝 王　娟
三四年级	40	美术	国画	苗 205	周二下午（1:00–2:40）	14	萧　宁
一二年级	40	美术	儿童画	苗 202	周二下午（1:00–2:40）	14	邱海阳
四年级	40	美术	线描	苗 201	周二下午（1:00–2:40）	14	董迎秋
三年级	40	美术	工艺	小楼 104	周二下午（1:00–2:40）	14	彭亚莹
三年级	40	美术	泥塑	苗 203	周二下午（1:00–2:40）	14	吴　丞
四年级	40	音乐	木琴	新苗楼	周二下午（1:00–2:40）	14	吕娜丽
四五年级	80	音乐	合唱	合唱教室	周二下午（1:00–2:40）	14	汪　洋 于　宁
三四年级	60	音乐	舞蹈	舞蹈教室	周二下午（1:00–2:40）	14	陈　凌 于新颖
三年级	20	音乐	电子琴（一）	电子琴教室	周二下午（1:00–2:40）	14	唐　晶
四年级	20	音乐	电子琴（二）	电子琴教室	周二下午（1:00–2:40）	14	多　伟
三四年级	40	音乐	乐队	小楼三楼 / 艺体楼	周二下午、周四	14	张晓佳

三至五年级	30	体育	游泳	游泳馆	周二下午（1:00–2:40）	14	皮　伟
一至五年级	110	体育	篮球	体育馆	周一、周二、周四、周五（1:00–2:40）	14	刘　伟 富全伟 侯春星
四年级	30	体育	跆拳道	舞蹈教室	周三、周五（3:00–4:00）	28	专业老师
三年级	30	体育	国际象棋	多媒体教室	周二下午（1:00–2:40）	14	专业老师
三四年级	40	英语	英语沙龙	新苗楼	周二下午	14	姜璐璐等

我校校本课程的开发与实施，适应了我校班级数量大、学生总数多、学生需求多样的特点，与学校的总体办学思想和谐统一，为学生的健康成长、主动发展打下了良好的基础。

三、“综合实践”关注策略，实现师生共同发展

综合实践活动课程是基于国家规定、地方管理、校本开发的三级管理课程。在实施综合实践活动课程的过程中，学校不能仅仅把综合实践活动的实施当作一个执行的过程，而是要结合学生特点、学校实际和社区背景，创造性地开设综合实践活动课程。我校地处市中心繁华地带，与烈士馆、少儿图书馆、哈医大、三中相毗邻，具备良好的学习氛围。学生们在课堂上勇于尝试，善于搜集整理信息，有竞争意识，因此开展综合实践活动对我校学生是十分有利的。但怎样获得课堂教学的实效，我们还要关注综合实践活动课实施过程中的管理策略。

1. 资源整合策略

在实施时我们关注了资源的整合，既与学校传统节日、德育活动有机整合，又与学科教学、家长资源进行整合。继红小学的家长遍布各行各业，有丰富的资源，我们实行家校联动，促进综合实践活动的实施。如我们在组织“水资源”主题活动时，就联系在水厂工作的家长带学生到水厂参观调查，获得实际经验；在三年级组织的“水果秀”主题活动中，我们把家长请进了课堂，家长一边为学生讲解，一边展示水果雕刻技术，让学生享受高超技艺的同时也让他们体会到了劳动的快乐；在与科学学科整合的“车模”这一主题活动中，家长不仅为学生提供了百米的专业车道，还请来专业人员进行指导。这些活动的开展大大开阔了学生的视野，提高了学生的实践能力。

2. 指导梳理策略

这里包含两层意思：一是指观察内容的确定要有指导、有引领；二是活动主题的确定要有教师的引领梳理。梳理时要注重五个“有利于”，即有利于教师组织与指导，有利于学生间的合作与交流，有利于研究过程中的资源共享，有利于活动的实施，有利于知识的学习与拓展。例如，五学年开展的“狗年议狗”主题活动，在进行选择的过程中，全组教师首先对传统文化中十二生肖带给学生的一些不解及狗与人类愈来愈密切的社会现状，以及学生对热衷事物的对待方式存在偏颇的现象，进行了详细的分析与研究，又根据纲要中对五年级学生的要求，确定活动的目标落在信息的收集与整理、与人沟通能力的培养、社会调查能力的训练、思辨能力的训练几个侧重点上，将活动的框架梳理为四个层次。即首先查找相关资料去了解狗年的来历；其次根据学生对狗的喜爱，鼓励学生多角度的思考，如狗的种类、习性、特点、与人类的关系等；再次走进社区与实际生活结合，了解现在人们的想法与感受；最后以辩论会的形式结束主题活动，使学生对狗有清晰、全面的认识。这样的指导梳理保证了教学实施的实效性。

3. 团队协作策略

此策略也包含两层意思：一是指教研组小团队的协作。每一个实践主题的确定都要经历全组的“备课提议—科研讨论，探究其可行性—领导把关，集体筛选—确定主题”这样四个民主决策过程。二是指学校教师大团队的协作，开展综合实践活动不能仅仅依靠任课教师，更需要班主任及各科教师的配合。本学期为迎长征胜利七十周年，教研组与大队部、语文学科整合进行了以“长征”为主题的德育生态体验活动。为使学生能真实地感受长征的艰苦、红军的伟大、幸福生活的可贵，活动还加入了让学生穿一穿草鞋的环节。综合实践活动课的教师对学生进行了草鞋制作的讲解，从材料的准备到相关资料的查找都煞费苦心，许多家长在得知活动目的之后也主动加入到活动的准备工作中。在学校、教师、家长与学生的共同努力下，活动取得了非常好的效果。学生体会到了建设祖国的意义所在，从而爱国情感更加浓厚。同时，对语文课文中的描写有了更深入的理解与体会，朗读更具个性化。我们感受到，只有通过大、小团队的努力协作，才能整体推进综合实践活动课程的实施。

4. 反思提升策略

这里的反思，既是师生之间的共同反思，也是师师之间的共同反思。例如，五年级“月饼与中秋节”主题活动，在最先认识中秋节时，教师设计学生吟诗、赏句的环节，学生只是泛泛地将自己查找的资料进行汇报。在课后的反思备课时，大家提出“活动的作用在哪里”，经过认真讨论达成共识，重点应突出在“体会不同诗人的精妙之处”。研究月饼问题时，许多学生开始只停留在月饼有什么馅、什么样的图案、多少钱一斤等简单问题上，在实际教学中教师引领学生进行问题的筛选与分析思考，学生将研究的视角落在关注生活、如何花钱等问题上。在实际调查中，学生们运用口语交际进行现场采访，利用统计表的形式进行记录，用折线统计图的形式对调查项目进行整理。通过这一过程，学生对数学统计图表在生活中的实际作用有了深入的体会，对怎样科学消费也有了自己的见解。

5. 评价导向策略

发挥评价的导向激励作用，体现综合实践活动课的关注过程，强调整合、注重反思、成果多元的特点，把学生、家长、教师、学校管理者都纳入到评价的过程中，作为评价的主体提高自我发展的意识和能力。下面是我校对综合实践课进行评价的两个评价单。

学生评价单

活动主题：________________

姓名：______性别：______年级：______日期：______

评价主体		评价内容	评价结果（以描述性评价为主，也可在相应栏下画“√”）
学生	自评	1. 你是否参加过主题活动？	
		2. 你是否一直非常有兴趣地参加班级的主题活动？	
		3. 你收集资料、信息的途径有哪些？	
		4. 你在活动中遇到的最大困难是什么？	
		5. 你对你的活动成果满意吗？	
	小组互评	1. 你们小组成员间的合作是否愉快？	
		2. 当你们遇到困难时，你们是怎样合力克服的？	
		3. 你们认为下次活动还应该从哪些方面加以改进？	
指导者		1. 学生是否能积极地参与活动课题确定？	
		2. 学生对所选活动主题的兴趣是否持久？	
		3. 小组成员能否进行有效的合作与分工？	
		4. 学生获取信息的方式有哪些？	
		5. 活动成果是否实现预定的活动目标？	
		6. 学生是否有独创性的表现？	
家长		1. 学生是否同你们讨论过他的活动选题，并请你提出建议？	
		2. 学生是否保持了对他所参与的活动的兴趣，并付出了时间和精力？	
		3. 在你眼中，学生是否有活动成果？（包括成长变化等）	
		4. 对于综合实践活动，你有什么想说的吗？	

注：小组互评一栏的评价经小组内集体商议后，由组长填写，每次主题活动结束后交给指导老师。

教师评价单

活动主题：________________

姓名：______性别：______年级：______日期：______

评价主体	评价内容	评价结果（以描述性评价为主，也可在相应栏下画“√”）
学生	1. 你的指导教师是否很热情地指导你们的活动？	
	2. 你的指导教师是否积极参与你们的活动？	
	3. 在活动过程中，你得到过指导教师的哪些帮助？	
	4. 你想对你的指导教师说些什么？	
教师	1. 你是否对综合实践活动的开展抱积极的态度？	
	2. 为了指导学生，你是否学习过与他们的活动主题相关的知识？	
	3. 在活动开展过程中，你是否与学生家长联系沟通？	
	4. 对于你所指导的活动，你是否有一个活动方案并有执行情况记录？	
	5. 在活动开展过程中，你是否与有关教师合作并进行研讨？	
	6. 简单描述一下你对学生活动指导中最有创意的指导。	
学校	1. 参与课程实践的态度。	
	2. 对课程内涵的领悟能力。	
	3. 与家长沟通的能力。	
	4. 与其他教师协作的能力。	
	5. 对学生活动的指导能力。	

通过以上策略的实施，我校综合实践活动课程的实效性得到了保证，实现了师生的共同发展。

总之，学校的教学常规管理工作涉及方方面面的人、方方面面的事，千头万绪，作为管理者的我们要善于在纷繁琐碎的事务中理清头绪，选准目标，确定切入点，以我们的清晰思路赢得教师的高效工作，以我们的民主决策激发教师自主参与的热情，以我们的科学管理促进学生、教师、学校的主动发展。

抓实常规 突破重点 凸显特色

2008 年 1 月

伴随着 2008 年钟声的敲响，我们圆满地结束了 2007 年的教学工作。回顾这一学期，在区教委、区进修学校及学校领导的正确领导下，学校的教学工作再上新台阶。教学是学校的中心工作，教学质量是学校生存和发展的生命线。越重要的工作，越不能急功近利。教师的课堂教学不能浮躁虚假，要尊重教育教学规律，理性看待学生与教师的成长，踏踏实实地积跬步以至千里，积绵力以击长空。

为了增强科研的实效性，提高教学质量，加强教师队伍建设，提升教师的业务素质，现将本学期主要工作总结如下。

一、常规工作重实效

常规教学是学校最基本的工作，也是提高教学质量的基础和保障。在常规教学工作中，我们首先从最基础的“备课、上课、评课、作业辅导、评价”五个基本环节入手，不断优化每一个独立环节，不断加密整体的有机联系，让常规工作成为学校最具实力的组成部分。它是学校整体发展的坚实基础，更积蓄着源源不断的能量。

我们把备课作为教学分析过程，主要采取一课两备的形式，针对低年级青年教师多的特点，要求备课中要强化细节和实用。主备人不仅要理清教材，提出设计详案，还要设计好相应的课件和教学用具。为加强各学科内容的整合，在学期初进行一次同一学年不同学科的集体备课，目的是通过整合调整顺序，合并内容，提高效率，资源共享。

课堂是教师的舞台，课堂教学是教师提高教学质量的关键所在。所以在上课环节中，我们将教师教学风格论证、学年骨干教师引领改进教学方法研究和学年主管领导随机听评课相结合，让教师们重视课堂，向每一分钟要质量；让教师们珍视课堂，在每一节课中积淀成长的高度。同时，我们设立了隔周一次抽签课，课后要进行领导与团队教师的评课。本学期抽签课7次，有21位教师上开放的抽签课。这为教师们搭建了交流互动的良好平台，促进了不同学科教师之间、不同学年教师之间、领导与教师之间的互动与交流，促进了领导与教师备课、上课、评课以及导课能力的提高。而上课的教师也希望抓住这难得的机会锻炼自己、提升自己。每次抽签课后，上课教师要上交本次抽签课的教案、课后反思及学年教师、领导评课记录等。

在作业辅导与评价中，采取学年统一的形式，做到具体教学内容的每课一小练、每单元一测试，目的是在教学过程中及时巩固知识、及时发现问题、及时解决问题。每个月末在作业检查中，学年领导和教师统一检查作业，主要采取同伴互查和教师复查相结合的方式，并及时做记录。在作业检查后，负责本学年的领导及时进行总结。本学期我校共进行优秀作业展览两次。如三年二班周欣华老师的学生作业，全校教师共同学习，学习后每位教师写下自己的想法。这样为教师树立了榜样，特别是让年轻教师有榜样可学。在评价中采取单项验收与月考相结合的形式。在及时测查中发现问题，不仅增强了练习课的实效性，还为教师们下一步教学找准了改进的目标。各学年、学科的领导坚持每天深入课堂听课，平均每月听课40余节。

在我校的常规工作管理中，这些基本环节既独立又紧密相连，形成了严谨的校风与学风。

二、重点工作要质量

1. 质量监测深化反思与跟进

我校一直坚持每月一测试，尤其重视监测后的分析、反思、交流以及对学生的反馈工作，形成了富于成效的操作流程，即个人反思、分层疏理、教师心中有数。考试完毕，首先，教师要对本班的卷子进行自我反思，对学生存在的问题要做到清晰、明了。学年的主管领导还将学生在各项考试中的成绩，制成折线统计图，帮助教师找准问题。其次，进行集体分析，引领分享，领导心中有数。主管领导组织进行组内的集体试卷分析，让教师们清楚自己班试卷存在的问题，也了解其他班级存在的问题，做到知己知彼，从而找准共性与个性的问题，共同研讨制定解决的策略。这一过程，主管领导发挥了引领与指导的作用，带领团队教师确定最佳解决方案。最后，进行课堂跟进，讲练夯实，让学生心中有数。在此前的基础上，最关键的是质量分析课。教师要应用团队研讨的方案，在教学中就主要问题引导学生举一反三、触类旁通、夯实基础、分层提高，还要在练习时设计有针对性的跟进题目，对学生的学习效果再次进行检验和巩固。领导要跟班听每一位教师的质量分析课，并个别指导。在这一过程中，我们把测试作为一次找准学生学习中的问题、反映教师教学中的弱点、改进教学策略解决问题的契机，增强教师的质量意识，寻求科学合理、切实有效地提高教学质量的对策，实现领导、教师、学生的共同发展。

2. 基于问题研究建设特色团队

在南岗区基于问题研究中，我校今年确定的问题是以目标建设促进教师特色团队建设。实施中我们将教师团队目标建设与教学工作紧密结合，确定了整体规划、分步实施的策略。通过团队目标论证、个人发展目标论证、团队学习和教师教学中亟待解决的问题调查，紧紧抓住课堂教学这条主线，以团队目标建设为载体，将研究任务层层分解，通过学年校本课题跟进课以及课堂观察，将各团队研究的问题引向深入，促进教学，提升教学。在特色团队建设中，将教师的教学实践与学习研究、校本培训有机融为一体，创设了有继红小学特色的校本教研活动载体，拓展教师合作空间，促进教师团队特色的形成。

3. 搭建平台激励教师共进

管理的本质是服务，在教学管理中，我们很重要的一项工作就是要及时为教师们搭建发展的平台，支持教师们走出去参加各级各类的教学研讨竞赛，开拓教师的视野，提高他们的综合素质。我校有众多教师在竞赛中脱颖而出，在历练中快速成长。今年，全市语文学科最高层次的教学研讨会“百家讲坛、百家论坛”活动在我校召开了研究专场。这是全市首次以学校为专场的活动，我校推出了张凌辰、董晓烨两位教师的研究课，受到了省、市教研员和与会语文骨干教师的一致好评。市教研院初教部的领导 12 月 13 日来到我校，对我校 8 位教师的教学风格进行了指导，促进了教师教学风格的积淀与形成。在校内第 23 届百花奖教学大赛中共有 40 余位教师参赛，从这些赛课中我们又发现了一批不同层次教学的好苗子。在南岗区教学 “百花奖” 中，我校共有 4 位教师参加，均获一等奖。其中孙莹老师在三年级数学专场上了一节汇报课，受到区进修领导和各校教师好评；徐礼老师从全区的小学语文教师中脱颖而出，在区综合场上了一节汇报课，展示了我校青年教师的实力和水平。我校也被评为南岗区教学“百花奖”先进集体。温与寒老师获市“探索杯”电化教学大赛一等奖，全国电化教学大赛三等奖；闫春峰老师获市“探索杯”教学大赛二等奖，并主持了全省小学信息技术学科的 UC 论坛活动。另外，我校设立了名师开放周，请家长走进课堂听课、评课，了解学生的学习状态和教师的发展状态。在校内“创新杯”教学大赛上，全校共有 6 个学科的 60 多位教师参赛，骨干教师和青年教师隔年参加一次。12 月中旬，四学年全体教师到延兴小学做数学备课示范，受到延兴小学听课教师和领导的一致好评。各级教师们不断创新和研究，使“创新杯”赛课的质量和水平得到了大幅度提高。

4. 由点到面，帮扶常态化

面对红旗中心校教师的需求，我们采取了“师徒结对”这种互助形式，有效地发挥了学科带头人、骨干教师的示范、辐射和引领作用，通过传、帮、带、导、提、教，将名优教师的实践智慧传递给红旗中心校青年教师，切实加快他们的成长，提高他们的教育教学能力和水平。本年度，两所学校围绕着“基于问题的研究”“改进课堂教学方法研究”“教学常规管理”共进行了 10 次教研活动，两校参与活动的教师累计 300 余人次，取得了良好的效果。

2007 年上半年，在已有的 3 个师徒对子基础上，我们新结了 8 个师徒对子，下半年又新结了 22 个师徒对子，累计 33 个师徒对子，基本涵盖了所有学年和学科。为了提高师徒结对活动的实效性，我们还对“师傅”提出了每学期做到“六个一”，即听、评徒弟一节课；帮徒弟备一节课；师徒共上一节课；帮助徒弟修改一篇较高质量的论文；帮助徒弟做一次教学质量分析；提出一个可行性强的学法指导方案。

今年 9 月 13 日和 19 日下午，红旗中心校李忠厚副校长带领四年级教师来到我校，参与我校四学年数学学科集体备课、上课的教学研讨活动。10 月中旬，红旗中心校李忠厚副校长带领 8 位青年教师来到我校，举行师徒结对仪式，并参与我校各学年的集体备课，师徒共备一节课。10 月末，红旗中心校李忠厚副校长带领 8 位青年教师来到我校，参与我校各学年的集体备课，师徒共备一节课。这次活动是继师徒结对后开展的有针对性的备课指导活动。由“师傅”带领“徒弟”深入学年、学科组进行集体备课，然后由“师傅”对“徒弟”选出的一课时内容进行“精备”。本次活动以“结对、共备、交流”为关键词，取得了良好的效果，为下次“师傅”深入“徒弟”课堂跟踪听课做了充分的准备。11 月上旬，在初教科马冰玉老师的带领下，李东伟副校长和8位骨干教师深入红旗中心校听课，对“徒弟”的课堂教学进行跟踪指导，并对红旗中心校的教学常规工作进行指导。帮扶活动经常化、常态化起来。

三、特色工作显成效

第一，分层教案。现在教师中对教案流行着一种观点，那就是鸡肋，食之无味，弃之可惜。在这方面，我们学校做了非常好的创新和尝试，也受到了教师们的欢迎，那就是教案分层管理。

教龄在5年以内的年轻教师手写详案，写多次教案（即课前的初案、临上课的预案、课后的纪实案），使教案成为对自己的课堂教学有指导意义的实效性强的蓝本。

名优教师写活页教案，骨干教师写特色教案。这个特色要与个人的教学方法的研究、教学风格的形成密切相关。经过几次调整，现在特色教案基本分为三个部分：第一部分是精彩借鉴，要求教师们要有选择地借用，要适当圈划删减；第二部分是个人添加，体现教师个人的思考与设计；第三部分是集体智慧，在集体备课时用以补充和完善。

分层教案的实行，不仅使教案更富于实效性，也给了教师们更多自主开放的空间，让教师认识到完成教案也是一项富于思考和创造性的工作。

第二，本学期在全学校开展的教学活动中，不同教师参加不同的教学活动。以科研为先导，开展教育科学研究是教育发展的必然要求。组织教师开展教科研活动是提高教育质量、推动教改的根本保证。近几年来，教师参与教科研，在“教中研，研中教”，有效提高了教育教学质量。本学期开展的活动有：

青年教师“五个一”活动
- 个人发展目标
- 期末参加一次板书设计大赛
- 上一节入门课
- 出一份试卷
- 研究一位骨干教师的教学方法

骨干教师“五个一”活动
- 上一节邀请课
- 建一个信息库
- 写一篇体现教法、特色的案例或论文
- 搜集团队成长档案
- 培养一名青年教师上一节课

第三，学期初召开教学家长会。家长会主要由学年的主管领导向家长通报本学年各学科的教育教学内容，让家长了解学生在这一学期将要面对的学习任务，以便监督、配合学校做好工作。这项革新受到了家长的大力欢迎，反响非常好。其实，很多事有了解才能理解，有了理解才会有支持。

开发的视频直播和视频互动系统，使教师们坐在办公室就可以通过网上直播实时观摩研讨课，或利用视频点播技术在课后观摩。反思交流通过视频互动在网上进行，课堂教学片断可以在研讨时重放，使得点评讨论能够切实细致，极大地提高了研究的效率。

正因为我们在教学工作中扎实推进，重创新，更重实效，连续 6 年获得提高教学质量先进学校的称号，今年还被评为省语言文字规范化示范学校、区计算机竞赛标兵单位。

本学期，我校教学工作在立足常规、勇于创新、努力提高教学质量形势下，取得了一些成绩，但同时也应清醒地看到不足。展望未来，既面临挑战，又充满机遇。我们必须抢抓机遇，上下一心，负重拼搏，与时俱进，共创我校教学工作的新局面。

优化课堂教学 提升教师执教能力

2008 年 7 月

教学是学校的中心工作。在本学期的教学工作中，我校以区教育局“加强科学管理，促进教师专业发展；深化课程改革，大面积提高教学质量”为指导思想，以为学生的可持续发展服务为根本宗旨。在常规教学管理的过程中，继承以往行之有效的方法，坚持发扬传统优势，提高课堂教学效率，减轻学生学习负担，全面推进素质教育，提升教师执教能力，走出继红发展的特色之路。

一、在教学常规的细节中，生成智慧

在南岗区连续几年的以问题为研究课题学习共同体的研究过程中，我们对教育有了更深刻的认识和理解。今年我们着力研究的课题是“以课堂有效教学研究为载体，促进团队发展”。在工作中，以课堂教学为突破口，采用自下而上的方法，初步形成了基于各团队研究问题的有效教学的评价标准，以此指导教师的教学实践，优化教师的教学行为，优化课堂教学，从而提高了课堂教学效率，大幅度地提高了教学质量。

1. 备、听、评课整合与开放并融

备课是提升课堂教学质量的前提保障。集体备课最突出的功能是汇聚集体智慧，深化教师对教材的理解和解读，从而优化教学方案，增强课堂效果。集体备课中我们采取的是一课两备，每次备新课前要先进行反思，反思个人教学情况，总结学年整体问题，然后再备新课。集体备新课时至少要有一课在某一环节上体现所研究的问题，把课题研究与备课紧密联系起来。科任教师备课强调一周两备的落实，在时间、人员上予以保证。在集体备课基础上，教师完善个人教案。本学期，我们提出了重实效、重反思两点原则。针对教后反思多半局限于完成任务，以及重数量轻质量的问题，提出了每周至少有一篇高质量的反思文章，数量不做硬性要求。教案检查仍实行领导必查、同事互查、听课抽查相结合的制度。在检查与反馈中，我们发现反思已成为教师教案中的一个亮点。有的教师以主题化的形式，在教案中形成了专题反思；有的教师基于研究的问题，形成了系列化的反思纪实。让教案在重实效的基础上，又增添了研究的色彩。

同时，为加强各学科内容的整合，我校在学期初进行了同一学年不同学科的集体备课，目的是通过整合调整顺序、合并内容，提高效率，资源共享。在此基础上，我们倡导教师打开教室的门，让这处教学场所同时成为教学研究的场所，各学年、各学科、各种层次的教师间可以自主地选择听课，让整合与开放成为教师工作的一种常态。我们可喜地看到，青年教师通过听骨干教师的课，学会上课的基本规范，先听课后上课，先模仿后创新；还可以通过随机组成的同质小团队，互相听课，互相研究，提高效率，提升水平。打开教室的门，让教师的实践智慧流动起来，汇聚起来，让隐性思考外显为教师教学行为的改进与提升，切实有效地提高了教学质量。

2. 课堂教学监控与指导并重

为了抓好课堂教学常规的监控，我们关注三级监控、两级培养。三级监控，即教师自我监控、学年学科组长监控、学校领导监控。教师自我监控，是教师认真备课、上课、辅导、反思，及时调整、改进教学；学科组长的监控，是组长要切实履行工作职责，每周认真督促、检查教师备课情况，准确把握教学进度，研究解决教学中存在的问题，及时与各位教师沟通；学校领导监控，是学校主管领导及时准确了解所负责学年的教学情况，给予快速恰当的指导，结合听课和单项验收随时抽测学生学习效果。两级培养，即青年教师培养和骨干教师培养。青年教师培养，是从新授课入手，单科突破，提高课堂教学效率，注重培养学生的学习能力；骨干教师的培养，是提倡教学方法实、新结合，把课堂教学与教法研究、学生学习能力与学习成绩的提高有机地结合起来。科任课的教学要注意方法的研究以适应不同班级的特点。

本学期的抽签课听取了大家的意见进行了调整，隔周一次进行。第一次是周一抽周一上，目的是检查常规教学，为教师常态教研提供例子，搭建交流互动的平台，促进不同学科教师之间、不同学年教师之间、领导与教师之间的互动与交流，促进领导与教师备课、上课、评课以及导课能力的提高；第二次是周一抽周五上，展示团队集体的力量，大家参与备课，集体研究，试讲后进行评价，评价时以团队为单位，与研究的课题相吻合。

3. 过程评价实用与实效兼顾

在作业评价中，对各科教学，尤其是数学、语文、英语等科目来说，平时作业数量学年要统一，小的练习卷或题卡内容学年要统一，领导把关。作业检查仍沿用以往实行的月末必查与平时随机抽查相结合的方法，以学年教师互学互查、主管领导检查总结的形式进行。

在考试评价中实行两结合，即平时与期末相结合、单项与月考相结合。每月的数学、语文、英语验收照常进行，在考核后第一时间把试卷发到家长手中，让家长及时了解学生在校的学习情况；音、体、美期末考核现场命题，全体教师与领导参与，既考核学生也考核教师；其他学科期末考试每位教师出一套题，考核教师，再优选组合成一套题目考核学生。考试过后，我们把大量的精力与时间放在考后的质量分析与问题总结上，对于考试大家已达成了这样的共识：成绩固然重要，但在这个过程中教师和学生的成长更重要；评价固然重要，但在评价中发现问题、解决问题更重要。因此我们在考后的质量分析时按这样的流程操作：一是个人反思，分层梳理，教师心中有数；二是集体分析，引领分享，领导心中有数；三是课堂跟进，讲练夯实，学生心中有数。而且通过统计图表的方式帮助教师找准问题，寻求方法，制定策略。同时我们也把作业和考试评价与课堂教学有效性的研究建立联系，在实践工作中探索出一套关于课堂有效教学的标准。

总之，在常规的教学管理工作中，我们一切从实效性出发，不图花架子、新形式，扎扎实实地提高自己的教学能力，减轻学生负担，提高学生成绩，为学生的终身发展打好基础，在细节的完善中彰显教育智慧。

二、在团队协作中，实现教师共同发展

1. 学习研究由个体走向团队

（1）单项过关，夯实基础。对新教师，我们从过好教学基本功的入门关开始，为他们顺利地适应工作需求和今后的发展打好基础。上学期我们对青年教师进行了过好教材关、课标关的培训，期末进行了板书设计大赛。在一学期教学实践的基础上，下学期我们着重要求青年教师过好教材关。鉴于教材的更新变化，过教材关应伴随我们每一位教师从教的全过程。因此，在本学期我们把所有教师纳入教材的考核范围中，每次考学生的同时必考教师，考核内容是整个小学阶段的教材教法。通过几次考核后，教师们发生了明显的变化。大家由最初考试前的紧张，变为能够主动地去借教材、学教材，并利用课余时间主动与同事交流教学的方法。能够达到这样的学习效果和氛围，我们的考核也就取得了积极的效果。

（2）加强理论学习。本学期我们进行了“以课堂有效教学研究为载体，促进团队发展”的课题研究，以团队为单位组织学习了与此课题相关的理论知识。学校将开展不定期的团队研讨，向大家推荐相关资料，各位教师也要根据自己研究的子课题的内容制定本学期的学习计划，以促进自己理论水平的提高和课题研究的深入。学校向各团队发了校本学习读物《我们的阅读，我们的思考（三）》，在基于同一主题的连续学习中，引领教师进行思考和研究持续走向深入。

2. 教学活动由独立走向整合

（1）教研与科研活动整合，提升质量。基于问题的研究是南岗区几年来一直不变的工作思路，我校根据实际情况把本学期研究的问题确定为“以课堂有效教学研究为载体，促进团队发展”。在这一课题的研究中，我们以校本课题跟进课的形式，将教研与科研整合，既保障了科研课题研究基于课堂教学的实效，又以科研的方法与系统的思考提升课堂教学质量，使二者在整合中相互促进。

（2）各项教学活动整合，拓展平台。“五个一”活动是我校的传统项目，每年都有更新。今年的活动内容面向全体教师，以团队为单位进行评价。所有教师每月参加一次月考；青年教师期末参加一次教学设计大赛；本学期每个团队至少参与一次教学邀请课，参与一次有效课堂教学的研究或展示活动，完成一个团队成长档案。在今年我校第八届“创新杯”教学大赛中，各学年学科组以团队呈现，以有效课堂教学评价的研究为主题申报参加。从集体备课、上课，到团队评课，将全过程作为评价的要素，其目的就是为了促进团队内部协作的紧密度。同时，在团队间打破壁垒，呈现出教师与团队之间、团队与团队之间多种形式的交流与合作，营造了浓郁的研讨氛围，取得了非常好的效果。

（3）请家长参与整合资源，发掘优势。前几个学期我们一直在尝试邀请家长参与课堂教学、作业展览等活动，受到家长的热烈欢迎。但受到家长人数众多和教室空间狭小的限制，课堂教学开放只局限于骨干教师层面。本学期我们尝试面向全体教师开放，把课堂教学开放和作业开放融为一体。各位教师提前准备 20 分钟的课堂教学精彩片断录制，在家长开放日那天先放录像，再进行作业展览。一年级在 3 月进行，二三年级在 4 月进行，四五年级在 5 月进行。请家长走进课堂，一方面是让家长在了解学校工作的基础上，更好地理解支持学校的工作；另一方面是为了发掘家长中的教育资源优势，使其发挥更积极的作用，为促进学生和学校发展服务。

回顾本学期的教学工作，正是由于我们抓住了“课堂教学”这个学校教学工作的“起点”和“终点”，扎扎实实地提高了教学质量。在追求实效中，全方位促进教师的专业成长，帮助教师逐步形成各自的教学特色。本学期末，哈尔滨市教育研究院为我校姚丽娟老师召开了教学风格论证会，这将进一步增强我校教师自主发展的信心，共同努力，让继红的名字永远闪耀在学生与家长的心目中，共同打造继红教育名校品牌。

管理之路

办学管理

用良好的心态追求幸福的人生

2006 年 5 月

“态度决定一切，你对生活是怎样的态度，生活就会给予你怎样的回报。”这是我参加哈尔滨市小学校长高级研修班的深切体会，正如北师大教育管理学院的陈锁明教授所说：“如果心态是正确的，你的世界也是正确的。”

一、以积极的心态面对工作

记得楚江亭教授讲过《一个木匠的故事》，木匠一生建了许多好房子，在他决定退休时雇主请他再建一所房子，他心不在此，于是偷工减料，手艺下降，不料这房子正是雇主送他的最后的礼物，结果他懊悔不已。如果他知道是在为自己建房子，他做事的方式就会完全不同。在小学教育工作中，我们每天面对的是繁忙的工作与琐碎的小事，仅为薪水工作是跳不出平庸的，要有明确的目标、积极的心态，不断地努力。人生就是一项为自己做的工程，我们今天做事的心态就决定了明天住的房子。

二、以理智的心态面对自己

非洲土人用一种奇特的狩猎方法捕捉狒狒：在一个固定的小木盒里面，装上狒狒爱吃的坚果，盒子上开一个小口，刚好够狒狒的前爪伸进去，狒狒一旦抓住坚果，爪子就抽不出来了，人们常常用这种方法捉到狒狒。因为狒狒有一种习性，不肯放下已经到手的东西。生活中我们又何尝不是这样，太多的物欲常常让我们欲罢不能，太多的虚荣常常让我们急功近利，我们不懂，生命之舟载不动太多的物欲和虚荣，实际上我们应该只取需要的东西，把那些应该放下的“坚果”果断地放下，用理智的心态面对自己，学会选择，学会放弃。

三、以感恩的心态面对生活

课改后，教师的工作正走向专业化，逐步成为不可替代的职业，社会对教师的期望值也越来越高。这让我们感受到了前所未有的压力。面对压力，许多人在抱怨，抱怨社会的不公，别人的不理解，抱怨自己的机遇不好，学校的环境不如意……工作本该是生活的快乐所在，却变成了背上沉重的枷锁。

记得曾读过肖复兴的一篇文章《学会感恩》，我们以感恩的心态生活在世上，才能心绪平和，心灵纯净。古人有“滴水之恩，涌泉相报”“衔环结草，以报恩德”。人类文明发展到今天，我们真的该常常反思，无论生活还是生命，都需要感恩。海伦·凯勒曾说：“对于自身的缺陷，我从不怨天尤人，相反，我感谢上帝。因为，正是由于这些缺陷，我才认识了我自己，才开创了我的事业。”其实幸福很简单，多点感恩，少点抱怨，你就会发现，幸福真的离我们很近。

四、以宽容的心态面对别人

作为小学教师，我们每天面对的是一群不断犯错的学生，需要的是理解与宽容；作为一个步入社会的人，我们每天面对的是有着复杂背景的家长和同样陷于繁忙与焦躁之中的同事，更加需要理解与宽容。生活中人与人之间常常因为一些彼此无法释怀的坚持，而造成永远的伤害。如果我们都能从自己做起，宽容地看待他人，不用别人的错误惩罚自己，换位思考，真诚助人，相信我们一定会有许多意想不到的收获。帮别人开启一扇窗，也就是让自己看到更完整的天空。

其实，生活就像一面镜子，你对它哭，它就对你哭，你对它笑，它就会对你笑。积极工作，理智选择，学会宽容，学会感恩，给自己一段快乐的日子，给自己一个幸福的理由，给自己健康美好的一生，这一切全靠自己。

“五学法”教学研究

——省科研成果二等奖经验交流

2015年6月

一、研究历程

（一）转变观念阶段

2009年，新一轮课程改革启动。南岗区教育局提出“改革课堂教学模式，大面积提高课堂教学质量”的全新要求。此时的复华小学校也正处在教师牢牢把控课堂，教师教得累，学生学得辛苦的状态，课堂教学模式的改革迫在眉睫。时任校长适时提出了“以学论教，少讲多学”这一教学理念。鉴于当时数学学科教师的整体实力最强，决定先从数学学科开始，确定基于问题的研究主题为“数学课堂教学流程的研究”，并借助“数学专业委员会”这一平台对骨干教师进行理论培训，先期转变这些教师的教学理念。

（二）建模模仿阶段

思想上有了转变，数学专业委员会的老师们在具体的实践研究、研讨碰撞中逐渐将研究的重心确定为学生的“学”，初步总结提炼出适合我校师生特点的“数学课堂教学流程之五学法（定学→研学→互学→导学→检学）”，先期在骨干教师课堂应用。一段时间后，通过对比，我们发现实验教师班级成绩普遍提升，学生数学思维能力、语言表达能力明显增强。此时学校果断决定将“五学法”推广到全校40个教学班，并对全体班主任教师进行多轮培训，“五学法”正式大面积进入复华数学课堂。这一时期的老师们以模仿为主。

（三）熟练创新阶段

经过整整一个学期的实验，所有班主任教师都能熟练应用五步流程授课，学生自主学习、合作交流的时间明显增多。收获的同时新的问题也暴露出来：现有模式不能完全替代灵动的课堂，固定的流程已经无法满足不同课型的教学。数学专业委员会组织教师们开展多样活动，大胆尝试，先后总结出“新授课”“概念课”“练习课”“单元复习课”“试卷分析课”等不同课型的五步流程使用方法。

（四）深入拓展阶段

2013 年，新任校长来到复华小学，在深入学习、了解“五学法”教学流程后，结合学校办学理念提出了针对不同年级学生学情及年龄特点，分年级重点研究“某一环节的实施策略与方法，培养学生良好学习习惯”的建议。此时，我们开始对“五学法”进行深度挖掘。

2015 年，“五学法”在全校各学科全面铺开，各学科以“五学法”为指导思想，实践探索本学科教学流程。目前各学科均已总结出具有本学科特点的教学流程。

二、模式概要

复华小学数学课堂教学流程之“五学法”是指定学、研学、互学、导学、检学。

（一）定学（情境引入，明确目标）

所谓定学，其含义为采取恰当的情境引入，使学生明确本课学习目标。

我们带领教师从数学四大领域进行教材梳理，明确各领域学习目标。请专家就如何确定教学目标进行培训，总结提炼出有效帮助学生明确学习目标的两大情境引入类别：纯数学化的情境引入，生活化的情境引入。

（二）研学（选择策略，自主探究）

所谓研学，就是学生根据上一环节“定学”所确定的学习目标或要解决的问题进行独立思考、独立解决，完全是学生的个体行为。

通过不同年级的训练，学生会经历如下阶段，逐步养成自主探究的能力。

第一阶段：根据教师给的自学提示进行课本自学（教师根据教学重、难点为学生确定学习路线，这样可以引导学生少走弯路，直奔学习目标。但这是教师引导下的自学，会削弱学生的自学能力，因此，一般情况下只在知识点比较零散的课上使用）。

第二阶段：看书自学，自主梳理，提出质疑。

第三阶段：根据目标问题进行独立思考，自主探究，尝试解决。

（三）互学（表达交流，呈现问题）

“互学”就是学生在独立思考、自主研学后的表达交流和意见整合阶段。这一阶段学生可以采用各种方式方法，可以将自己的研究成果向学习同伴展示表达，也可以对自己研学过程中成功或失败的原因进行阐述，还可以将自己产生的困惑提供给大家思考。在这一阶段，学生分享成功，体验失败，共同解惑；教师则适时组织，整合意见，寻找教学价值，为后一部分的“导学”做好准备。

在互学这一阶段，充分发挥学生的主体地位，低年级的学生可以采取独立汇报、小问题点交流的方式，高年级的学生可以采取多种形式的汇报方式，如演示性表达、团队式交流，等等。教师在此处给学生充分释放的空间，可以组织研究个体或研究团队进行逐个交流，也可以组织不同意见的个体或团队进行辩论，还可以组织研究个体或研究团队间的提问……总而言之，在这一阶段学生是交流表达的主体，是思想交流的主体。

（四）导学（适度点拨，反馈提升）

“导学”是指在着眼于学生“研学”“互学”的前提下，教师依据学生的学习需要，对学生呈现的某个问题作必要点拨或对教学重难点作适当解析的过程；在这个过程中教师及时抓住有利时机，迅速有效地处理来自学生的各种反馈信息，调整自己原定的教学设计，进而指导学生优化解决问题的策略，进一步提升学生数学学习的思考水平。

“导学”环节应该是在学生自主延伸知识链的过程中，剖析题意云遮雾绕之时，激烈争论难分难解之际，老师及时出手，做出的必要提醒、暗示、强调与引导，可以是反问，可以出示类比示例，甚至可以借用错例等，帮助学生打通关节，较为顺利地完成研讨活动，获得成就感。我们常用的四种点拨方式为：

预期性点拨，保证教学的进程。老师凭借自己的经验对所设计的问题做出较为准确的预期，从而确定要拨的“点”。

导语性点拨，突显教学主线。一个个教学环节通过串联而形成教学主线为明晰主线，老师在设计环节的导语时应具有暗示作用，以引领学生的各种活动在自己预设的主线上，从而确保课堂目标的达成。

应急性点拨，保证学生的思维活动正常有序地进行。关注展示，关注讨论，关注班级不同层次学生的活动状态，深入小组活动中发现要拨的“点”。

总结性点拨，发现规律提升思维。某一活动完成后，一般会安排总结与反思的内容，学生展示可能会不到位，老师必须做启发或示例，帮助学生总结经验、提升思维、形成规律。

另外，个体点拨、小组点拨、群体点拨要有机结合；知识生成过程中的点拨、例题分析过程的点拨和学习方法使用的点拨也要有机结合。同时对学生的学习反馈要及时调控，引导学生经历信息不断输入—加工—输出，不断反馈—矫正—调控—提升的过程，使学生的学习系统的运行处于动态平衡的发展之中，进而为所学知识的内化打下坚实的基础。

（五）检学（巩固内化，检测达标）

检学，顾名思义，就是检测学生课堂学习的效果。它是小学数学课堂教学的有机组成部分，是学生掌握基础知识、基本技能和发展能力必不可少的环节。它的主要作用是为了检查本节课教学目标的完成情况，帮助学生巩固和消化课堂上所学的知识，发现并解决学生学习过程中存在的问题，弥补学生知识的缺陷，调节教师的教学。

在检学这一环节中可按照以下三个层次来进行：

基本型检测，主要使学生掌握“双基”。这一层次应用类似例解、难度不大的问题，使全班学生在独立或半独立作业的过程中消化新知。

综合型检测，主要是强化“双基”。这一层次应是新旧知识混合，有一定的难度，灵活性强，用于防止旧知的干扰，强化新知。

发展型检测，主要是发展学生智力。这一层次为难度较大、思考性较强的题目，目的在于训练优等生。

值得重视的是，在进行检学环节时，反馈应注意以下几点：

1. 进行检学的参与评价，诱发主动性

在检测学习效果时，教师要及时观察学生的解答情况，尤其是对学习自觉性较低的学生，要通过一些简单的语言肯定他们的学习态度，调动他们的学习热情，使其体会到参与学习是自身的责任，也体会到老师在关注他们的学习。

2. 进行检学的投入评价，强化感受性

教师对学生的关注与学生的学习效果往往成正比。课堂上学生做检测也是一种参与学习的活动，但是学生对检测的投入程度是不同的，有的学生自觉认真，有的学生不当一回事。因此，评价学生的投入态度也是学生体会到教师关注的一种方式。在课堂上，要及时地肯定对检测认真投入的学生；而对走神的学生，可以利用巡视了解原因，引导学生找出精神差、疲劳等非主观性原因，经过多次提醒，就算是很厌学的学生也会参与到学习中来。

3. 进行检学的能力评价，激发创造性

正确回答问题对学生来讲无疑是一次成功的体验。正确回答难题对学生来讲更是一次能力的展示。在检测时，利用巡视迅速了解学生对问题的掌握情况，对于较容易的题目，有意提问一些理解较慢的学生，让他们也有被肯定的机会；难度较大的题目，可以以预习的形式让学生有时间思考，从而避免学生错答而失去展示的机会。当学生确实回答不出问题时，可以给予适当的提示，或者鼓励其他学生帮助解决，并强调这是一个不容易解答的问题，从而保护学生的自尊心。

4. 评价以知识和品德情感为依据

在课堂评价时，以知识技能和品德情感的双重发展为依据，不仅能使课堂气氛更加愉快、热闹，而且能更好地引起学生的情感共鸣。

以上五个环节中导学是目标，研学、互学、导学是途径，检学是结果。这五个环节看似完全独立，实则你中有我，我中有你，互相融合。教学时既可按序进行教学，也可根据课型、学生特点等不同因素通过灵活的拿捏控制，调控前后顺序，使其成为一个整体，真正做到为教学服务。

三、教学成果价值和创新点

1. 催生名师，成就团队

“五学法”的研究与实践，使“以学论教，少讲多学”理念成为数学课堂上的现实，学校开展的扎实有效的活动促进教师不断改变。

教师教学观念的转变带来学生课堂学习方式的变革。郭广成、原南南、孔庆龙三位老师都是在“五学法”的陪伴下成长起来的名师，在他们的带动下众多教师在研究中成长，骨干教师人数不断增加，水平不断提升。“五学法”自推出以来，产生深远影响，复华数学专业委员会团队先后为众多地市的兄弟学校做培训指导，多地学生均受益。

2. 以“学”为魂，兼顾人本

“五学法”各环节均以学生的“学”作为课堂教学的灵魂，在各种“学”的过程中学生们掌握了方法，培养了能力，创新了思维，养成良好的学习习惯，最终达到提高数学素养的目的。

在参考了多个成功案例的基础上，“五学法”教学流程的设计与实施，兼顾了学生年龄特点和教师教学特色，使其不受教学水平限制、不受学生年龄限制、不受学科限制、不受教师课型限制，等等。在凸显个性的基础上，又兼顾人本，切实增强课堂教学效果。

四、实施建议

1. 紧紧围绕研究主题，加强集体备课管理

集体备课是提高课堂教学效率的前提与基础，集体备课的质量决定了课堂教学的质量。为提高集体备课质量，我校先后出台预备课、首备负责、集体备课、个人二次备课、双备课日等相关制度，其目的在于抓实、抓牢集体备课，落实“五学法”教学流程在课堂教学中的有效应用。

2. 营造氛围搭建平台，深入思想课堂落实

确定在本校开展教学模式的研究与推广，就要坚定不移地让所有的教科研活动均围绕此进行，所有的教学评价标准也均围绕此制定。营造浓厚的研究氛围，使每一位教师都浸润其中。通过多样的活动，让此思想深入每一位教师的骨髓，最终体现到实际的课堂教学行为中。

“五学法”的研究只有短短的6年时间，今后研究的路还很长，我们愿在“五学法”的陪伴下，让复华的每一位教师都教得轻松、每一位学子都学得快乐。

养成良好习惯 持续和谐发展

——市级特色学校评估报告

2014 年 12 月

为全面贯彻落实市教育局提出的以实施“十百千万”工程为载体，大力推进全市教育均衡、协调、可持续发展的目标，促进复华小学校更好、更快发展，我们以百所特色学校创建为契机，对复华校“养成教育”特色进行了认真的梳理、回顾。经过认真对照《哈尔滨市义务教育特色学校验收评估标准（暂行）》的要求，进行自查、自评，我们认为复华校“养成教育”已经基本达到各项标准要求，特申请上级教育主管部门对我校创建“养成教育”特色学校进行评估。

一、学校发展目标与规划

特色即显著区别于其他学校的风格与形式，是在学校发展过程中自主生长，并逐渐清晰、突显直至稳定、鲜明，特色越鲜明，学校的可识别性就越强。它来自于校领导对学校现有资源的准确把握和对学校未来发展的前瞻规划，生成于学校长期的培植与积淀。复华小学的养成教育办学特色正是历经了这样的生成与发展过程，并在历经 30 多年的持续创建中，逐步稳定鲜明起来的。

（一）立足校情，确立特色

复华小学始建于 1928 年，坐落在工大园区附近，是一所历史悠久、文化厚重的公办学校，也是省标准化先进学校，省劳模单位，连续多年当选市劳模单位。现有 40 个教学班，教职工 118 名，各级名优骨干教师占全校教师的96.5%，其中市级班主任标兵8名、区级班主任标兵2名；1900余名学生，哈尔滨市工业大学子弟占全校学生总数的64.8%。

早在20世纪80年代，时任校长韩嘉俊就提出了“培养学生良好的劳动习惯”的养成教育目标。全校教师均以此为行动指南，有效地对自我意识强、动手能力差的独生子女展开劳动习惯教育。进入20世纪90年代，郭素滨校长提出“巩固劳动习惯培养，大力加强行为习惯养成”的教育目标，将劳动习惯的养成纳入到行为习惯养成中，扩大了复华养成教育的外延。进入21世纪，唐景林校长组织教师们在实践的基础上丰富了养成教育内涵，学校编著了《好习惯早养成》教育丛书，使教师有章可循，学生有了细化的行为指南，借全国整体改革会议在复华小学召开的契机，把养成教育推向了新的高度。2004年，刘金芝校长在秉承前辈的优秀做法的同时，又把养成教育细化归类为自理习惯、礼貌习惯、行为习惯、学习习惯四大类，形成了“复华好学生30个好习惯”的培养目标，细化量化后的培养目标增强了可操作性。2008年，宋春生校长提出：“复华校园文化的精髓是养成教育，加强制度建设和校园文化建设使养成教育更具生命力。”复华小学进行了楼体改造、设备更新，完善了各项制度，初步进行了楼廊文化建设。2013年，新到任的宫爱萍校长提出：“养成教育应该是全方位的，要涵盖学生、老师、家长。老师做表率，家长做促进，共同为学生的习惯养成努力。”于是在学生30个好习惯的基础上，我们又提出教师的10个好习惯的养成，从大教育观的视角重新审视了复华的养成教育，并且打造出了复华“好习惯养成树”，形成复华小学“养成教育”的立体框架。

如果说20世纪80年代的“劳动习惯的养成教育”是一个“点”的话，那么20世纪90年代的“行为习惯的养成教育”就是连“点”成“线”，“好习惯早养成”的提出就是多“线”成“面”，“30个好习惯”的提出，就织起了养成教育的“网”，制度的建设和校园文化的建设就是支撑“网”的主要框架，再到宫校长提出的深化学生养成教育的同时加大教师10个好习惯的培养。历经几位校长的不断丰富和完善，如今，复华小学构成了多元立体的养成教育体系。

（二）整体规划，提升特色

与时俱进的办学理念是学校持续发展的原动力，也是学校特色建设赖以生存的源泉。作为一所历史悠久的公办小学，要想进一步发展成为全国教育强校，必须在原有基础上，实现办学特色与办学理念和价值追求的统一与超越，科学的规划才能保障学校特色有序、持续的发展深化。

为此，学校首先明确“养成教育”的内涵，即养成教育就是培养学生良好习惯的教育。习惯是一个人通过对某种行为的不断重复而获得的一种重复性的，通常为无意识的日常行为倾向，是一种稳定的，甚至是自动化的行为。习惯是养成教育的产物，它往往起源于看似不经意的小事，却蕴含了足以改变人类命运的巨大能量。我们可以具体地理解为养成教育就是学校通过有目的、有组织、有计划的习得训练，培养学生养成良好的习惯，有目的地改变不良习惯，做一个有良好素养的文明人。

复华小学经过多年的教育实践，确定了“培养会生活、讲文明、懂规范、善学习的人”的育人目标。在此目标引领下，逐步形成了“养成良好习惯，持续和谐发展”的办学理念。

这一办学目标和办学理念充分体现在学校的“三风一训”当中，即校风：求真务实，诚信和谐；学风：乐学善思，实践创新；教风：严谨求实，民主创新；校训：行为规范，学识广博；校歌：《复华之歌》。

“养成教育”的特色定位使学校在发展中更有方向感、更有动力，在建设中更有内涵、更有品质。

二、特色创建的保障与实施

学校高度重视义务教育特色学校创建工作，制定了切实可行的《复华小学特色建设实施方案》和《特色学校建设常规管理制度》，成立了特色建设领导小组，建立了领导三级负责制。一把手校长做组长主管全面工作；

三位副校长作为副组长，各自负责一个分组，主管一个方面的工作（教学工作、教育工作、队伍建设和制度建设）；主任是各分组的成员，全面包揽自己的学年学科组的创建工作。领导小组成员各司其职，各负其责，相互支持，相互配合。在办学经费极度紧张的情况下，我校拨出 30 万元作为特色学校建设的专用经费，从制度层面和经费保障上，确保特色学校创建工作的有效实施。

打造养成教育特色学校是一项系统工程，我校在优化原有养成教育实施策略的基础上进行整体规划，确立了“133”行动模式，即“一个理念、三大体系、三项举措”，全面推进养成教育特色学校建设工程。

（一）坚定“一个理念”，明确打造特色学校的重要意义

理念是行动的指南，是推进学校特色建设的核心观点和思想基础。我校建设养成教育特色学校坚持的一个理念就是“养成良好习惯，持续和谐发展”。通过养成教育，学生、教师和学校共同实现和谐可持续发展。

1. 基于学生成长的需求，以习惯形成素质

“少成若天性，习惯成自然。”从小养成良好习惯，会犹如天性一样坚不可摧。著名教育家孙云晓曾说：“习惯与素质都是人的第二天性，即稳定的、长期起作用的品质。在一定意义上说，习惯就是素质，而素质总会顽强地通过习惯表现出来。少年儿童的身心特点与教育规律告诉我们，从培养良好习惯入手，是对其进行素质教育的最佳途径。”

随着社会的发展，很多学生处在周围几代人的溺爱中，缺失了许多良好习惯，家长却熟视无睹、习以为常。见到垃圾随手捡起来，在校园内行走要轻声慢步，见到老师主动行礼问好，上学衣帽整齐，佩戴好红领巾……这些看似平平常常的小事，其实是实实在在的素质基础。“良好的习惯是人在某种神经系统中存在的道德资本，这资本不断增值，而人在其整个一生中享受着它的利息。”俄国卓越教育家乌申斯基的这句名言说出了良好习惯的养成对于一个人成长的重要性。可见养成教育虽不是教育的全部，

但在教育中占有重要的地位，它是教育中最“实”的基础部分，也是教育的“质”的指标。抓好养成教育才能使学生成为表里如一、言行一致的人。注重培养学生的良好道德习惯，才能达到培养学生良好道德素质，促进其终生发展的目的。

2. 基于教师的专业成长，以养成教育助推教育理想

围绕着“严谨求实，民主创新”的教风，复华小学的教师在专业成长的路上也在不断探索着适合自己的成长路径。与其他学校不同，复华老师有两个基本的教研组织，一个是各学校都有的学年组、学科组；另一个就是复华特有的“教学专业委员会”。经过十多年的历练和打磨，教学专业委员会与各学年组、学科组形成了互为补充的教研“双轨”制，即各专业委员会集中研究，解决教育、教学中亟待解决的比较重大的问题，攻克带有共性的难题，重在创新，重在提高；而各学年组、学科组则在共享各专业委员会研究成果的基础上，重点抓好本学年组、学科组的日常教学质量，重在解决本学年、学科的教学问题，重在落实，重在普及。复华“双轨”制教研的学习与研究，让每一位教师在合作中感受到成长的快乐，培养出郭广成、杜金富、原南南、王传贤、施钰铭等多名参加全国大赛并取得优异成绩的名优教师。正是在贯彻“养成良好习惯，持续和谐发展”理念的过程中，在多年的习惯养成教育中，每一位教师专业发展的追求找到了切合的路径，做一名有思想的教师、实现教育理想是每一位复华教师的追求与梦想。

3. 基于学校的发展需求，以养成教育打造学校品牌

学校是学生成长的摇篮，学生的成长、成功就是学校发展的需求。现代教育家叶圣陶先生说：“教育是什么，往简单说，只需一句话，就是要养成良好的习惯。”德育就是要养成良好的行为习惯，智育就是要养成良好的学习习惯，体育就是要养成良好的锻炼身体的习惯。这些习惯养成的关键时期就在小学。国内外近半个世纪有关研究表明：小学一二年级是学

习习惯培养的关键时期，三四年级是纪律分化和逻辑思维发展的关键时期，四五年级是学生行为由注重后果过渡至注重动机的关键时期，整个小学阶段是记忆力发展的关键时期……可见，学校对于学生的养成任重道远。此外，学校 30 多年养成教育的探索让我们对养成教育有了更深刻的认识和继续发展的坚实基础，我们有责任、更有信心，结合新时期学生养成教育中的新问题，丰富和完善养成教育的内涵与策略，以养成教育打造复华小学的品牌。

（二）构建“三大体系”，确立养成教育的基本内容

我校要构建的养成教育特色学校，虽然有独特性，却不是唯一的，但我们秉持着“人无我有，人有我优”的教育态度。随着对素质教育理解的深入，许多学校也在开展基于学生良好习惯培养的多种教育活动。我们将学校原有实践基础整理提升，同时借鉴吸纳兄弟学校的研究经验，构建了复华小学养成教育的三大内容体系，即稳定的课程育人体系、教师十大好习惯培养体系、学生三十个好习惯培养体系，从而将零散的习惯养成系列化，使之在培养过程中遵循儿童的成长规律，全方位、科学有序地展开。

稳定的育人课程体系包括国家和地方课程、校本课程和德育课程，使在学校生活的时间和空间都成为养成教育的“场”。教师的十大好习惯包括感恩习惯、分享习惯、运动习惯、合作习惯、读书习惯、研究习惯、微笑习惯、施爱习惯、反思习惯、自律习惯，以教师的好习惯引领，促进学生好习惯的养成。学生在小学阶段应该养成的好习惯包括四大方面，细化为三十个好习惯。根据不同年龄段学生特点，分学年、分学期、分层设立好习惯评价标准，分项目、分内容由低到高，设定培养目标，循序渐进，螺旋上升。它贯穿于学生在校期间的始终，到小学毕业，学生基本养成“三十个好习惯”。而在小学形成的好习惯，将继续伴随着复华学子今后的学习、工作和生活。

（三）采取“三项举措”，强化养成教育的特色推进

一个人的素养形成是多方面的，这也要求我们的养成教育要通过多途径、多维度综合推进，才能满足学生各方面的发展需要及个性化需求。

1. 队伍建设，养成10个好习惯，为教师成长奠定坚实基础

学校教育是由教师活动和学生活动两方面复合构成的。在养成教育活动中，教师和学生作为能动的个体，是教育活动的主体。教师的良好习惯是学校办学特色的重要体现，是提高学校办学质量，促进学生良好习惯养成的根本保障。因此，历史悠久的复华小学一直秉承着“严谨治学、民主创新”的教风，搭建多种活动平台，帮助教师们进行着行之有效的教师习惯养成。

（1）“五学法”的完善——学会了研究和反思。课程改革的不断深入使复华的老师开始产生了不断发展的新需要——这种需求已经不单单是教师自身发展的需要，更重要的是我们更强烈地关注学生发展的需要。这又对教师的专业成长提出了更高的要求。课堂教学的核心问题就是“如何让学生在自主学习中得到长足的发展”。经过了前期的理论学习和经验总结，复华小学以数学专业委员会的研究为突破口，组织骨干力量集中研讨，在数学课堂教学中具体实践，总结提升出“复华小学数学课堂教学流程之五学法”并在数学课堂上重点推进。“五学法”的具体操作流程简化为“定学、研学、互学、导学、检学”五个环节，目的是实现教与学的转化，把学生的“学”作为研究的重点。其中的五个环节既可以环环相扣、循序渐进，又可以灵活调整、不拘一格。最终通过我们的研究，可以在课堂教学中有效地培养学生自主学习的兴趣和能力。把“以学论教、少讲多学”的理念转化成课堂教学行为，这是每一位教师专业发展的追求。在“五学法”的形成与不断完善的过程中，老师们也经历了“研究—实践—反思—再研究—再实践—再反思”这样不断循环提升的过程，在实践中培养了研究和反思的习惯。

（2）教学流程的研究——学会了合作和分享。2013 年，结合集体备课时间不够用，影响上课质量的问题，学校引领全体教师进行了不同课型的课堂教学流程的研究，利用原有的数学、语文专业委员会组织，由理事上课做靶子，供老师们一遍遍研讨，梳理总结，再次实践完善，历经一学期的时间，归纳概括出语文第一课时、数学新授课、试卷分析课、数学复习课的教学流程，提高了备课效率，保证了课堂教学质量。教学流程的研究既为年轻教师提供了标准化的范本，又促进了骨干教师研究能力的提高。整整一学期的时间，教师们在各专业委员会组织的活动中反复摸索，互相借鉴，取长补短，持续研究，在合作与分享中享受着共同成长的乐趣。借助教学流程研究活动的开展，教师在实践中潜移默化地养成了基于问题、脚踏实地、相互配合、不断实践、善于合作和乐于分享的意识和习惯，这样的习惯也带到了课堂，带给了学生。

（3）人文活动的开展——学会了微笑、感恩、施爱……教师是学校赖以生存的宝贵资源，因此，我校十分关注教师的生存状态和教师文化的形成。

多年来，复华小学一直延续着通过亲近自然、拓展训练、社会实践等活动来培养教师的习惯，完善教师的人格。春暖花开，带着教师们去爬山；冰封寒冬，领着师生在操场上堆雪人、做冰灯；“六一”期间，组织年轻教师带着爱人、学生一起游园，学生们在草坪上嬉戏，教师们在树下阅读，其乐融融；“三八节”“中秋节”“感恩节”……节节有个小惊喜；联欢会、表彰会、各种体育赛事……样样活动有个小快乐。复华的教师在惊喜与快乐中缓解了压力，增强了体魄，形成了互相欣赏、互相帮助、互相理解、互相关爱的氛围，微笑、读书、感恩、施爱、运动等好习惯也随之养成。活动虽小，但日积月累中，教师工作的幸福指数潜移默化地提高了，最终受益的是学生。

2. 课程建设，养成30个好习惯，为学生成长插上腾飞双翼

多年的研究实践让我们深刻认识到，教育的核心是育人，而育人的主要载体是课程。这里的“课程”不仅是学科课程，还包括德育课程、校本课程、社会实践等在内的一整套相对完备的课程体系。让学生在丰富的课程体验与经历中，潜移默化地获得熏陶与感染，进而达到从养心到树人的目的。

（1）构建稳定的德育课程体系，全面实施养成教育。道德习惯在德育中占有非常重要的位置，正如《中共中央关于改革和加强中小学德育工作的通知》中所提出的：“德育对中小学特别是小学生更多的是养成教育。”因此，构建稳定的德育课程，是对学生全面实施养成教育的重要保证。

主题教育——习惯养成系列化。以主题牵动，让德育活动有层次、成系列地开展。按照多年形成的常规进行主题教育，班主任在培养学生良好习惯上就有了方向、有了抓手，就能保证班级养成教育活动有序开展，学生参与率达到100%。

时间	3月	4月	5月	6月	9月	10月	11月	12月
主题教育内容	感恩教育	革命传统文明礼仪教育	科技教育	环保爱校教育	艺术教育	少先队教育	安全法制教育	冰雪教育
培养的习惯	感恩孝敬	珍惜尊重	创新研究	节约	审美	礼仪	遵章守纪	运动

岗位体验——习惯养成自主化。养成教育中，总会遇到学生只是简单地听从，并没有触动其内心，自律性比较弱的情况。为了真正触动学生的内心，让习惯内化为自觉行动，学校通过岗位体验缩短了习惯培养周期，并能很好地巩固成果。如“明星示导员”体验活动，学生获得一定数量或集齐所有学科的好习惯奖卡，并且“复华好学生绿卡”上没有低级评价记录，才有资格申请。当选“明星示导员”的同学，除了能将自己的照片粘贴在明星学生墙上外，还能在升旗仪式上佩戴学校统一颁发的绶带、标志，

站在相应的示导岗上以身示范，并协助值周老师、班主任管理学生的日常行为习惯。所以，当选复华小学的明星示导员是一件非常光荣的事，更是优秀学生的象征。学生在争当“明星示导员”的准备过程中，经历了从“他律”到“自律”过程，进而形成良好习惯。除此之外，像“一日小交警”“生活报小记者”“今天我来做校长”等体验活动，给学生带来角色体验的同时，提高了自律意识，习惯养成由被动逐步向自主过渡。

楼廊文化——习惯养成氛围化。楼廊文化是学校具有的特定的精神环境和文化氛围，它体现了一所学校的特色。让每一面墙都说话，让复华的一草一木都发挥出育人功能，学校精心设计楼廊文化，五个楼层分别是五个教育主题：行、书、思、艺、创。一楼的主题是“行”，其寓意是行规、道行。二楼的主题是“书”，其寓意是读书、近书，即爱读书、亲近书。三楼的主题是“思”，其寓意是思敏、思广，即敏捷的思维品质、广博的思维渠道。四楼的主题是“艺”，其寓意是艺精、艺广，即精通一门艺术，艺术陶冶人生。五楼的主题是“创”，其寓意是乐创、欲创，即具有创新的激情，形成创新的欲望。五个楼层的楼廊文化形成一个强大的教育场，对学生的养成教育起到了潜移默化的作用。

家校联手——习惯养成延伸化。养成教育如果仅仅在学校说、在学校做，就会形成两层皮，不会有真正意义的养成。为巩固养成教育的成果，必须家校联手，把习惯养成延伸到家庭和社会。为了得到家长的认同，实现家校统一，学校印制了《复华小学校家长手册》，在学生入学时就让家长明确学校的育人目标、办学特色，了解学校的常规，认同学校的办学理念，形成家校合力，共同培养学生的良好习惯。

学校还利用丰富的实践活动与家长联动。春季运动会，家长和学生们一起驰骋在赛场上，感受着复华拼搏向上的精神；家长进课堂，和学生们一起上课，体会着复华教育教学的严谨；校园之星评比，家长们做评委，享受着学生进步的快乐；“家校沟通——心理课堂”上，与学生面对面进行心理咨询，使家长变得更理性、更宽容。一系列的活动，让家长们更加了解学生们成长的环境，在认可复华养成教育的同时也受到了教育，激发出为学校付出的热情。于是，工大航天馆、工大建筑博物馆向复华学子敞开了大门，工大大学生志愿者社团走进了校园，学生机器人小组、天文小组、火箭小组应运而生，活动开展得红红火火，极大地促进了学生科技素养和综合素质的提升。复华小学让家长成为复华学生习惯养成教育的参与者，成为养成教育向家长、向社会延伸的有利资源。

（2）关注校本课程内涵建设，满足学生发展的个性需要。复华小学以“好习惯成就好人生”为思路，构建了“目标鲜明化，内容课程化，途径多元化，活动特色化，保障常态化”的适合学生发展的校本课程体系。

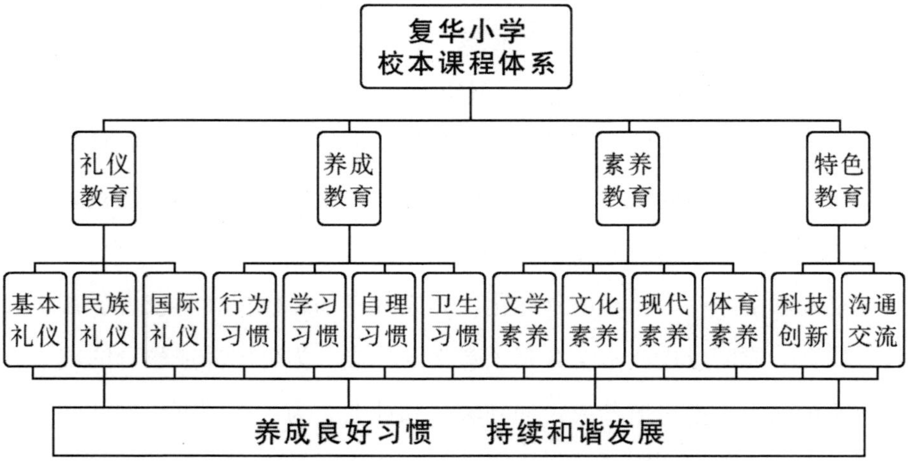

根据不同年级学生特点，学校每周三、四、五利用午间15分钟，进行短课时的校本课程必修课：中华经典美文的诵读。同时开设写字、礼仪、读书、纸艺四种长课时必修类校本课程。此外根据学生的个性需求，又开设了书法、线描、创意彩泥、漂亮的纸飞机、机器人的编程与操作、“DV”制作、水火箭的制作与发射、国学、数学思维训练、外教口语、英语读报等11门选修课。我们将校本课程全部纳入常规教学课表，本着必修选修相结合、长短课时相结合的原则，专职教师任教，重点关注学生倾听、正确书写、主动问好、热爱读书等习惯的养成，为学生今后的学习奠定基础。

3. 制度建设，养成自我管理习惯，为学校发展提供有力保障

有研究表明，人的行为水平分为如下四个层次：显然，第四层次是终极目标，是好习惯形成的标志，也是一种理想状态。但经过对师生行为的观察分析，我们发现多数学生的行为水平都处在第一阶段，多数教师的行为水平都处在第二阶段。为保障养成教育的有效实施，我们通过制度建设和精细化管理，帮助师生逐步由被动走向主动、由他律变为自律，从而形成好习惯。

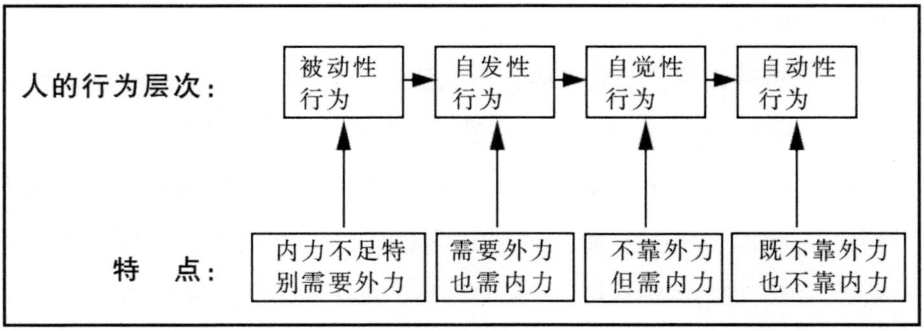

（1）细化制度，精化管理，养成教师严谨、规范、自律等好习惯。复华小学先后制定出系列化管理章程《德育常规管理实施细则》《教学常规管理实施细则》和《后勤管理实施细则》。《细则》详细阐述了常规工作规范标准，对各项工作的实施进行了具体量化。如《教学常规管理实施细则》共十七章、一百一十六条，涵盖了备课、上课、听课、作业批改等一系列教学工作的规范要求，以严格的制度规范教育教学行为习惯。

管理中坚持“日清周结”，所谓“日清”，即今日事，今日毕。翻开学校厚厚的几本日清检查记录，可以看到从学生进校、师生仪表、晨读、安全、课堂、午休、学生值周、两操、课外活动、放学、教师出勤、门卫值班、卫生、好人好事，学校一天中所有常规工作都有详尽记录，并有值周领导、教师对当日问题的检查记录。“日清”以表扬为主，但规定

每学期同一类问题在量化表上不能出现三次；如果一个老师同一类过错出现三次，即取消该教师学期评选优秀教师资格；如果一个班级同一类过错出现三次以上，即取消评选文明班集体和明星班集体好习惯标兵班的资格。“日清”将管理责任具体化、明确化，权利层层有，任务个个担，责任人人负，从而提高了学校整体工作效率。“周结”即每周周一的全校教师总结例会，每周周二的教师集体备课，每周周四的教师专业委员会活动，每周周五的领导班子例会，每周一次的安全排查、出勤公示、值周公示、课时公示以及每月月末的领导工作报告，等等。复华小学坚持十年之久的这种有序的教育教学管理，已经成为复华人一种常态化的工作习惯，自然就成为一种自动性行为。

（2）持续评价，有效激励，养成学生诚信、坚持、友善等好习惯。学校对班级的评价，包括每堂说一说、每天结一结，每周评一评，每天的表现都记入每周的评价单上，每周通过红、绿苹果展示班级常规教育的成果。为了让每一个班级、每一名学生都能看到自己的进步，学校还设定周单项标兵班，如站队标兵班、卫生标兵班、纪律标兵班、课间活动标兵班、礼仪标兵班等，增加项目，寻找优点，缩短评价的时间，让目标更明确、效果更突出。每月的金星、银星、红星，每学期明星班、文明班、单向标兵班的评比，都有效激发了学生的集体荣誉感，用集体荣誉感强化学生养成良好的习惯。

对每一名学生的评价，强调持续性。学校为每一名新入学的学生签发“养成好习惯快乐成长护照”，落实“三十个好习惯”的持续养成。护照内有 30 个好习惯要求，按年龄段和学期分布，共含有 272 个小习惯，养成一个小习惯并得到家长和同伴的认可签字，就会得到一个好习惯印章，累计 20 个为“红星好学生”，40 个为“银星好学生”，60 个为“金星好学生”。升入新学年时，盖 1 个“复华好学生”印章，五年级毕业时，5 个“复华好学生”换得“复华优秀毕业生”证书。对于学生来说，每一个小目标都不难达到，但达到后又有下一个目标在等待着他，这样循序渐进，润物无声地帮学生积累着好习惯，达到自我教育、自我管理、自我养成的目的。

三、特色创建的成绩与效果

特色学校建设工作促进了学校办学水平整体提升，仅上学期学校就获得国家级2013年度“心理教育工作先进集体”称号、省“体育道德风尚奖”、省“DI大赛”一等奖，获省市科研科普先进集体等国家级奖励3项，省级4项，市级4项，区级18项。学生参加全省计算机DI选拔赛，获3个一等奖，1个二等奖，同时获得了参加12月在北京举行的2013–2014年度DI亚太邀请赛资格。五位教师参加国家级赛课，获3个一等奖，2个二等奖，校长和教师有关特色建设的经验介绍共31人次，其中国家级12次人，省级8人次。

学校曾被评为省劳模单位、省教书育人先进集体、省级标兵小学、省文明单位标兵，获“九五”“十五”“十一五”中央教科所课题实验先进单位，李玉倩班、张磊班均获“全国红旗中队”称号。每年都有几百人次的学生在国家、省、市级各类活动中获奖。

学校的发展是一个不断追求更好的动态过程，未来的复华将会更加充分地利用好地域和人文优势，借助百年工大的丰厚资源，发挥社会名流、学者专家的作用，把复华办成品质优良、底蕴深厚、特色鲜明的学校。

基于学校特色 培养核心素养

2016 年 9 月

尊敬的各位领导、同仁：

大家好！感谢区教育局为我们提供了学习交流的机会。自从 2014 年教育部首次提出“核心素养”这个概念，我校就把学习、理解、落实、培养核心素养作为学校的重点工作，结合学校的办学特色，围绕办学理念和培养目标，初步拟定了复华小学学生发展的“五大核心素养”——学会学习、实践创新、身心健康、科学精神、审美情趣，并以此为目标进行了如下的实践探索：

一、提升教师专业素养，是培养学生核心素养的前提保障

当下，培养学生核心素养已提高到“面向未来，教育要培养怎样的人”的高度，那么作为教师的我们，该如何努力提升自身的专业素养，以适应不断提高的要求呢？我们复华小学以强化培训和小课题研究的方式，加速教师专业素养的提高，为培养学生“五大核心素养”提供保障。

1. 强化培训，整体推进，提升教师专业素养

教师专业委员会十几年来一直是复华教师专业成长的摇篮，近两年，结合学校养成教育的办学特色和学生核心素养的培养目标，我们以教学专业委员会为依托，借助“六会”强化培训工作。这“六会”是四个专业委员会、一个复华读书会、一个复华“名师汇”，下设“三室一社”，即三个名师工作室和一个东南学社。

两年多来，我们按照一套完整的研修流程，即“学校定标—理事计划—

成员研究—团队跟进—实践应用”，一直坚持隔周一次的专业委员会研究活动、每周一次的微阅读活动、每月一次的名师工作室汇报交流活动。在这些活动中，教师们认识了什么是核心素养，懂得了为什么要培养学生的核心素养，明确了我校的学生应该培养哪些核心素养等问题，同时教师的职业道德素养、专业知识素养和专业能力素养也得到提升。学校教师参加南岗区教师专业能力测试取得骄人的成绩，2015 年语文教师平均成绩名列全区第二，2016 年体育和英语教师综合成绩排名名列全区第一。专业素养的提升使教师在培养学生的核心素养时有了底气。

2. 小课题研究，重在跟进、落实学生核心素养

学生核心素养的培养，主阵地是课堂。优质课认证是复华小学独具特色的课堂教学活动，我们以此为平台，确定每月基于教学问题研究一个相关小课题，分别进行了“数学教学中微课的有效使用”“作文及口语交际课型的教学”“读学分导及随文识字教学”“整理复习课的教学流程”的研究，以小课题研究的方式引领教师关注“五大核心素养”在课堂教学中的落实。

作文指导和口语交际是培养学生语文素养的重要课型，我们分别邀请了省教研员杨修宝老师和区教研员李晓密老师来学校讲座。他们高位引领，把如何在语文教学中培养学生的核心素养，使学生学会学习的宝贵经验介绍给大家，引起了教师的思考和共鸣。

带着对教研员讲座的理解，骨干教师又上了三节示范课进行实践引领，课后交流时，结合教研员的经验，教师们总结了口语交际课型的三大板块、五个操作步骤以及作文指导课中的四点注意。接着进行了全体教师的跟进，感受颇深，他们从学生纯真的笑脸上、积极参与的语言表达中，深切感受到了学生的变化，享受到了共同成长的喜悦。

教研员引领—骨干示范—全员跟进—反思提升，如此循环，每月一次的实践研究，全校 84 位一线教师，一学期下来，每人至少参与了一次校

级以上的小课题研究展示课，每月的循环跟进课共进行120多节。全员参与，全程研究，全面提高，我们用自己的努力提高着课堂落实核心素养的教学能力，提升着自身的专业素养，为学生们核心素养的培养积淀着力量。

二、建设“好吃又营养”的课程，是培养学生核心素养的载体

教育的核心是育人，而育人的主要载体是课程。我们本着“基础 + 综合 + 特色”的课程理念，努力挖掘课程的育人价值，以校本课程作为学校的特色课程，不断梳理完善、整合、创新，打造“好吃又营养”的特色课程，使之真正成为培养学生五大核心素养的有效载体。这是复华小学以“好习惯成就好人生”为思路，构建的适合学生个性发展的校本课程体系。稳定的校本课程保证了全体学生核心素养的培养。

在校本课程框架下，为重点培养学生的五大核心素养，本学期我们尝试开设了博物馆课程和班本课程。从学校角度，整合多学科资源，开设博物馆课程，为学生提供走向社会、参与实践的平台。例如，融音、美、语文、思品为一体的美术实践课《大师画我也画》，就将课堂搬到了958艺术馆。在那里，学生们感受来自画作的魅力，领悟不同绘画风格，欣赏、临摹大师的画，用语言和音乐表达自身感受，审美素养得到整体提升。

从班级的角度，利用家长尤其是工大家长雄厚的科技力量，开发受学生们喜爱的班本课程，拓宽学生的视野，感受科技创新的神奇。例如，五年六班在哈工大举办的中国细胞生物学会“实验室开放日”活动中，走进大学实验室观察、制作，第一次近距离体验了生命科学研究的乐趣。欣喜于学生们的收获，五年级老师联合家长共同开发了系列班本课程“感受机械的魅力”“空气的能量”“我做直升小飞机”，在学生们幼小心灵中埋下了学会学习、实践创新、科学精神等核心素养的种子。

其实，打造“好吃又营养”的课程，培养学生的核心素养，我们还在初步尝试。对于核心素养的理解与实践，“路漫漫其修远兮”，我们愿乘南岗区教育现代化建设的东风，在培养学生核心素养的路上奋力前行。

“有那么一群小学生，在一大块麦田里做游戏。我呢，就站在那悬崖边。要是学生们都在狂奔，也不知道自己是在往哪跑，我得从什么地方出来，把他们捉住。我整天就干这样的事。”这是《麦田守望者》中的一段话，我常常为这段话而激情满怀。这是教育的理想境界，核心素养的提出让我们的教育理想有了前行的目标，我们愿做这样一群麦田守望者，怀揣理想，努力实践，守望教育的桃花源，成就最美的学生。

落实低段评价 培养良好习惯

2016 年 12 月

尊敬的各位领导：

大家好！习惯就是美德，我们说衡量一个人是否是“受过教育的人”的根本标准，不在知识，而在美德。除了各种良好的行为习惯，还包括那些更具有道德意味的品德，如仁慈、公正、诚实、宽容、讲信用等。

我们复华小学在低段学业水平测试方式与方法的研究和实践中，在考察知识的同时更重视习惯培养对学生的终身影响，在继承和创新中不断调整，聚焦核心素养，培养良好习惯，储备成长力量。

一、顶层设计

核心素养的提升为人的全面发展作基础保障。落实核心素养要根植特色，找准落脚点。2016 年 9 月国家出台了中国学生核心素养的定稿，在这样一个大背景下，我们复华小学结合自己的“养成良好习惯，持续和谐发展”的办学特色，拟定了复华学生发展的“五大核心素养”：学会学习、实践创新、身心健康、科学精神、审美情趣。

我们认为核心素养形成的行动路径就是习惯养成，外显为良好习惯，内化为核心素养。以评价为牵动，实现外显与内化的相融。

国家出台的中国学生发展核心素养和学校的办学特色及培养目标，就是我们低段学业水平测试项目研究的根基和价值所在，也是此项目研究的落脚点和出发点。因此，我们以“促进学生综合素养的培养和发展”为核心，以“主动参与、乐于探究、勤于实践、持续发展”为目标，进一步调整完善复华小学低段学业水平测试评价体系。通过此项目的研究，培养学生的良好习惯，促进学生综合素养的形成。

二、实施策略

好习惯是核心素养的外显，只有通过好习惯的不断沉淀和内化才能逐步形成核心素养。我校低段学业水平测试的项目在中国学生核心素养的大背景下，尝试增值性评价进行了两方面的调整。

（一）充实评价的内容，实现量变到质变的跨越

我们认为，低段学业水平测试评价改革的目的是促进学生健康快乐地成长，因此不能以降低学科标准、失去学生应掌握的知识和技能为代价，来换取学生单一快乐成长，否则只有快乐而没有全面的健康成长。充实评价内容十分必要，应该和社会发展息息相关，在生活中经常会遇到问题，解决问题的方式是提升学生基本能力，所以要在评价内容上调整，培养学生综合素养。充实内容中本着两个原则：一是以量变促质变，二是注重能力提升。

1. 关注知识技能为学科素养奠基，以量变促质变

例如：一年级期末综合评价验收项目“雪橇快快跑”是进行计算能力的验收，是结合体育项目让每个学生计算一道口算题，本学期根据课程标准的要求增加验收的题量，2 分钟给出 50 道口算题，团队成员依次接力口答，每道题都有成员判断对错，这样在单位时间内每个学生都计算了几十道题。又如：一年级识字是重点，上学期会认识字 300 个，在“雪娃拼拼乐”项目中加大对识字量的考核，团队先抽取类别，然后从树上摘取本类别的词语读给评委听，每组 6 个人要从整棵树几十个词语中甄别、挑选摘取 10 词，50 个词中扩充水果、蔬菜、文具等词语，其中生活常用词语用拼音标注，一方面对拼音进行了验收，另一方面又是对学生识字的扩充。

这样增加验收题量既有趣又有效，学生也乐学善学，保证数量的同时保证质量，变验收“好玩”为“玩好”。

2. 贴近生活实际培养信息素养，注重能力提升

提升学生做社会人的能力，学校的评价要紧紧切合社会发展的需要，培养提升学生适应社会生活的能力，其中我们把解决问题的能力作为重点。

例如：在综合验收活动中学生团队组建后要求研究制定自己团队的闯关路线，这就需要学生综合考虑时间、流程快捷、与其他团队交叉等众多因素，以及合理制定最佳路线的问题。对于6岁的一年级学生来说是极具挑战性的，为了让学生遇到问题能学会思考，并有效解决问题，我们在新增设的“加油站”设置了路线二维码，可以扫码帮助给出最佳路线，“加油站”中还为学生提供字典、学习工具等备品，并设立了人工导航方便学生咨询，帮助学生解决问题。在学生团队通关结束后，设立自选奖励，设置奖励中有和校长拍照、做一天班主任、当职班长一日、做一次播音员、选择一个伙伴做同桌等。用这样的精神鼓励，满足学生成长过程中的精神需求，激励学生健康成长。

（二）拓宽评价渠道，聚焦核心素养的培养

我们评价的主要途径是阶段专项评价和期末综合评价，本学期首先丰富了阶段专项评价。

1. 阶段评价关注人文素养

一方面专项评价“六小”变“七小”。根据核心素养“文化基础”要求增设“一小”，“小书虫成长评价”增加学生的人文底蕴。第二方面扩大即时评价的广度，让每次评价成为激励学生成长的不竭动力，更关注课堂评价的激励作用。

2. 即时评价关注综合素养

道德与法制评价单中关注了社会评价“邻居眼中的我”，全方位评价学生成长。在音乐、美术、体育、道德的每一节课上，教师都对学生进行课堂表现评价，包括课堂发言、认真听课、课后作业，给学生们自主设计评价形式的机会，把评价结果记录在书的扉页上。这种时时评价会让每个

学生对自己有个正确的认识，及时调整自己的学习行为。因为学生的成长就需要一种内驱力，更是一种不断修正的自我成长。在“小小运动员”评价中增设二次补测的栏目，学生根据自己情况自由申请补测，让他们在认识自我、发展身心、规划人生等方面，实现自我管理、自主发展。

核心素养作为基础教育育人目标，并不意味着基础领域的读写算能力和具体的知识技能就不需要了，核心素养的培养过程是以学科或跨学科课程的学习为基础。

课堂是学生成长的地方，课堂上的评价是引导学生主动发展的有效手段。遗憾的是，在我们中小学，经常可以看到有些学生学科知识掌握得很熟练很牢固，解题能力也很强，但是与他们相处，马上就会感受到他们身上缺了什么东西，这东西就是素养！学科教学要努力把学生培养成为知识丰富、思维深刻、人性善良、品格正直、心灵自由的人。评价就是实现素养提升的有效手段。

教师关注学生综合评价，首先改变了课程的内容和结构，通过课程激励学生成长。例如：我们把一年级中，语文课《升国旗》、美术课《形的组合》、音乐课中《国旗国旗真美丽》、道德与法制中《学校礼仪》联系起来，把几个学科进行融合，这种“全课程教学”通过设定“国旗国旗我爱你”这个主题来串联，学生在课堂上打通学科壁垒，在富有趣味的学习情境中，通过教师评价性的语言引导，综合提升其语文素养、审美素养、艺术素养。

教师在这样的课堂上转变着，学生在这样的课堂上收获着、成长着，其中一位家长看到学生的表现感叹着，并发微博：“这样的课堂，教学方式转变了，评价的方式更多元了，不是对学到的知识单一评价，而是激发了学生由内而外的学习动力，促进学生提升素养。”

我们感到“课堂增值”行动机智地把握教学切入点，巧用评价激趣，情趣互动提效，让教师们抱着“每天增值一点点”的信念，营造出生机盎然的教学氛围，在这样的氛围中悄然无声地提升着学生的综合素养。

三、尝试思考

两年来，我们在低段学业水平测试工作中已经建立体系、完善内容、制定方式，让评价真正发挥作用。目前我们在思考如何让低、中、高段评价有效衔接?

本学期我们进行了两方面的尝试：第一个丰富增设中高年阶段验收，以低段多元的评价为蓝本，开展中高年级多元评价，并做好由低到高的过渡评价。统筹规划，以点突破，在音、体、美、英、道德与法制、写字六个学科现行实践，以便积累经验。

例如：

道德与法制：一年级好习惯验收——整理书包、穿衣服比赛；

写字课：“我手写我心”书写比赛；

英语：三年级我是“小小英文书法家”英文书写大赛 、四年级我是“拼写小能手”英文单词大赛、五年级“我是英语小明星”英文赏析大赛、三四五年级口语能力验收；

体育： 二年级跳绳比赛、三年级武术操、四年级武术操、五年级球操、五年级体质监测跳绳和坐位体前曲；

音乐：一至五年的跨年演唱会活动；

美术：一至五年创作生肖台历活动。

第二个尝试聚焦素养完善科任学科评价体系，针对各学科期末综合验收进行研究调整，通过学科的综合评价，提升学生的核心素养。我们召开了全体科任教师“聚焦核心素养，实施科学评价”的专题研讨会，研究每个学科的期末评价体系，13 个学科根据学科特点初步搭建评价体系，并开始尝试评价。

我们在低、中、高段评价如何有效衔接这个问题上，还存在疑虑和困惑，如何让这个评价体系更科学、更系统，则是我们下一个阶段要研究的内容。

各位同仁，我们用“习惯”一词，希望强调素养形成的行动路径，希望以习惯倒推素养的落实，再以结果倒推内涵培育。我们希望把内在的、难以触摸的“素养”，变成能够外显、可以培养的“习惯”，变成具体的“每月一事”项目。通过一个个可操作实施的课程，养成学生的第二天性，帮助学生形成稳定的价值观，塑造良好的人格，创造幸福完整的人生。

和而不同，做最好的自己

——复华教育集团

2016 年 3 月

“和而不同”一词出自《论语·子路》，意思是君子在人际交往中能够与他人保持一种和谐友善的关系，在对具体问题的看法上却不必苟同于对方。可见“和而不同”追求的是内在的和谐与统一，而不是表象的相同和一致。今天，“和而不同”已经成为人类共同生存的基本条件和基本法则。我想，这也是南岗区教育局大力加强集团化办学的意义和价值所在。

“和而不同，做最好的自己”是我们复华集团的办学目标。之所以确定这样的目标，是因为在成立之初，我们借助企业发展的“SWOT 分析法”，对影响集团内五所学校发展的优势、劣势、机会和威胁进行了分析，继而达成共识。每所学校的历史积淀、软硬件建设、办学特色各不相同，但却各有所长，我们要本着“集团互助、资源共享、优势互补、共同发展”的原则，实现“和而不同，做最好的自己”的目标。具体做法如下：

一、“1+5”有效管理，凝心聚力

对于一个分散的团队而言，其灵魂在于管理。管理出凝聚力，管理出效益。在教育局宣布复华集团成立之后，考虑到各兄弟学校工作繁忙的实际情况，我们借助现代化信息技术手段，开拓网络空间，创建了“复华集团”互助交流群，作为集团管理的核心。五位一把手通过微信群共商集团计划，共议集团活动，共谋集团发展。继而又建立了“复华集团”讨论组，把五所学校的教育教学领导融入其中，作为集团管理的执行者，并具体分工，明确职责。至此，“1+5”的管理模式初步形成：一个核心管理组，五个执行部门，即项目策划部、教师培训部、教学研究部、学生活动部、活动保障部。各部门分工明确，各司其职，各尽其能，保证各项工作的组织管理落实到位，实现集团的高效运转。

二、“1+4”引领辐射，优势互补

集团发展的目标之一就是让每所学校优势互补，共同进步。各学科均衡发展的名师资源是我们复华集团的优势，如何借力名师资源，推动集团内教师的专业发展，是集团着力做的重点工作。于是，以教师培训部牵头，以一个“复华名师汇”下设四个名师工作室为架构，以“名师引领、优势互补、均衡发展”为策略的教师研培计划得以形成。

按照计划，集团成立了以复华小学数学名师原南南命名的“原南南名师工作室”，以华兴小学语文名师于东、桥南小学语文名师赵家财、王岗小学语文名师刘晓辉命名的“于东、赵家财、刘晓辉名师工作室”，以复华小学音乐名师王琦、苏宁小学音乐名师张佳红命名的“王琦、张佳红名师工作室”，以复华小学名优班主任教师鞠双红命名的“鞠双红名师工作室”，共四个名师工作室。

依托这四个名师工作室，我们把集团内各学校相关学科培养的教师纳入工作室中，除了日常的交流外，每学期至少开展一次针对集团内不同学科教师的培训活动。2015 年 11 月 3 日率先开展了复华小学“原南南名师工作室”活动，集团内五所学校的数学名优教师参与活动，韩晓华副局长、初教科何志军科长及初教科全体领导全程参加活动。工作室以“五学法教学流程研究”为主题，首先由教师培训部的王岩副校长解读“五学法”教学流程，接着工作室青年教师岳海博执教《平行与垂直》一课，然后由原南南主任带领 20 多位集团名优教师共同议课。紧紧围绕“五学法”在空间与图形领域如何落实，“五学法”相关策略的研究展开研讨。通过研讨，尤其是在筹备过程中持续近半个月的交流，名师工作室的教师们对研讨主题的理解与认识有了提高，韩晓华副局长、何志军科长给予的高度评价也给工作室的老师们带来动力。3 月 29 日按计划又进行了“于东、赵家财、刘晓辉名师工作室”的研究活动，效果同样显著。

名师工作室作为一个专业共同体，因其成员构成的多样性和差异性，工作室活动的透明性、互动性和引领性，使集团内各学校的均衡发展有了实现的可能。

三、“2+X”常规常态，共同发展

教育是一个细水长流、润物无声的过程。无论是对教师还是学生都该如此。集团发展也是这样，再好的活动、再精彩的创意，都离不开长久坚持的韧劲和脚踏实地的勤奋。所以，坚守常规，保持常态，认准一件事就要一如既往、一以贯之地做下去，这是复华集团的做事态度。我们关注活动成果的呈现，更关注活动过程中的准备与结束后的反思；我们关注名师工作室的研讨，更关注师生常规常态下的交流。对于集团内绝大部分师生来说，他们的成长更得益于集团“2+X”的常规常态活动。

“2”指的是教师的常态研修与学生的常规活动：教师的常态研修有每学期一次的名师工作室研讨，每月一次循环进行的主题讲座和整合备课，每学期一次的领导培训；学生的常规活动有每月一次的幼小衔接或小初衔接主题活动，每学期一次的德育实践活动，每两个月一次的艺体联赛。“X”指的是根据需要、临时开展的不定期的集团活动。

2015 年 12 月 1 日，在复华小学进行了一场别样的集体备课，复华集团的五所兄弟学校的全体班主任教师齐聚一堂，开展了校际之间的集体备课交流活动。每间备课教室内都汇集了五所学校的教师和教学领导，虽来自不同学校，但共同的目标让大家坐到一起，很快就熟悉起来，对共同的教学内容深入研究，畅所欲言，智慧共享，共同提升。各校教学领导高度重视集团备课，深入到各学年与教师们共同研讨，指导教师们解读教材，答疑解惑，点拨提升。

本学期我们将在此基础上逐步增加集备次数，扩大集备范围，丰富集备形式，形成集备制度，使集体备课成为常态化、制度化的一种教研方式，为促进集团化教师均衡发展竭尽全力。

上学期期末，针对如何才能比较科学有效地对一学期的教学工作进行监测，从而实现课堂教学的高效，集团的教学领导产生了合作研讨的需求。于是，我们把五所学校的 14 位教学领导集合到一起，通过学习交流，借鉴以往教研员命题的思路和特点，研究不同学段课程标准的要求，提高对命题的科学性和规范性的认识，又结合自身优势，进行了合理分工。确定了集团期末测试的“五统一”原则，即统一目标、统一试卷、统一标准、统一时间、统一分析。一周后，大家又一次聚在一起，由出题者对每一份试卷进行出题说明，供大家评价反馈。三个学年六套试卷，足足进行了四个小时不间断地连续讨论，不知不觉中就过了下班的时间。领导们感慨：“在自己钟爱的领域里毫无芥蒂、畅所欲言，争辩得酣畅淋漓，真是过瘾。”“累并快乐着”大概指的就是这种理想的专业成长状态吧。后续又经过多次的网上交流，统一试卷标题、试卷格式，调整评价标准，强化考试时间等等，在大家的通力合作下，复华集团实现了期末学业水平测试无缝对接，无论是出题质量，还是评价等级都趋向于科学实用。

集团活动贵在有“常”，正是无数个不起眼的“常”，给予了师生源源不断的滋养，使得师生们能够持久潜在地成长。

一个乐队想要演奏出和谐美妙的音乐，需要使用十几种乃至几十种不同的乐器，各奏其乐，各发其声，从而汇成宏大动听的交响乐。复华集团的五所学校正是在集团办学目标的指引下，努力发出自己最优美的声音，取长补短，在“和”的氛围里保持不同，追求更好。不到一年的时间，老师们已小有变化。

我们期待着复华集团通过不断协调各种“不同”，在新的和谐统一下获得发展，继而构成新的不同。这样周而复始，整个集团处于一个良性循环、不断进步的状态中，真正实现“和而不同，做最好的自己”。

面对新一年的新挑战，复华集团的各位同仁对下一步工作又有了新的思考：

1. 建立制度，完善管理

健全的制度是集团发展的基础。多年的学校管理使我们深深体会到学校管理制度的重要，以此推之，刚刚起步的集团建设更离不开制度的建立。因为制度具有一种比道德、比文化价值观更强硬的控制力和约束力。集团前一阶段的成效也更多地源于管理机构对计划的有效执行、对制度的严格遵守。相对于已经建立的集团领导核心的管理制度，下一步急需建立集团各部门的工作制度，以及常规的教育教学管理制度，以保证集团方方面面工作的常态化、有效化。

2. 开发课程，共享资源

我们说，教育的成果最终要呈现在学生身上。一年来，我们做得更多的是教师的培训提高。遗憾的是，对于五所不同的学校来说，要让所有的学生都感受到集团办学的力量，安全有序地进行集团活动，需要克服的实际困难还有很多很多。因此我们尝试建设共享课程，首先以复华小学为试点，挖掘家长和社会资源，尝试开发适合集团学生共同使用的校本和班本课程。本学期尝试进行一次校本的德育活动课程，在二到三年的时间内逐步完善，形成具有复华集团特色的共享课程体系，保证让复华集团的学生平等地享受到优质的教育资源，快乐健康地成长。

近一年的集团办学经历让我们更加感受到局领导的高位引领。集团办学不是削高就低，求得一团和气，把芝麻撒在粥锅里，只见米粒不见芝麻；而是要拌蔬菜沙拉，青菜是青菜，萝卜是萝卜，有了调料，有了互相的映衬，味道才会更好。我们复华集团就是这样一盘营养丰富的蔬菜沙拉。

探索构建评价体系 促进学生全面发展

——复华小学评价项目研究汇报

2017 年 12 月

随着中国学生发展核心素养的发布，复华小学在区教育局的引领与指导下，历经了近一年的学习、实践，逐步清晰并形成了核心素养复华小学校本化的表达。基于核心素养，评价要发挥正确的导向功能，引导教师培养学生具备未来生活所需要的基本素养，我校结合低段学业水平评价项目研究的经验，深入思考，尝试建设复华小学评价体系，并在实践中予以检验。

一、解决本体认识，探索整体架构

第一，统一认识。依据核心素养，构建评价体系，对我们来说是全新的课题，解决问题的最好方式是培训。一年来，学校有 53 人次到外地参加素养评价高峰论坛、点燃学生成长动力策略研讨等会议，请省市区教研员、校内外名师、专业委员会理事进行了 9 次大型的相关讲座，教师们关于素养评价的研讨更是常态化。渐渐地，在接纳、争辩与顿悟的循环往复中，大家对核心素养下的评价有了全面的了解和较深入的认识。我们认为，在复华小学，核心素养的评价不仅要关注学生的行为规范，还要关注学生的个性张扬，潜能开发；不仅要关注学科素养的评价，还要关注多学科综合能力的形成，多元知识的整体运用；不仅要关注学生个体的自我学习，还要关注学生能否进行团队合作、有效沟通与交流；不仅要关注学生的身心健康、审美体验，还要关注隐性的意志品质的形成，关注学生未来发展的需求。

第二，继承创新。头脑风暴激发了老师研究的欲望，推进了实践的脚步。寻找核心素养落地的对接点，挖掘素养评价的校本基础，大家的目光不约而同地聚焦到学校已有的习惯养成序列上。习惯养成序列是我校经过三十多年的积淀，形成的多元立体的特色教育评价体系，呈现的载体是《学生成长护照》。核心素养评价体系的建设应该是对习惯养成序列的继承与创新，我们梳理出《学生成长护照》与《核心素养评价框架》的继承点与创新点。二者相比，吻合的与微调的项目不再赘述，在创新点上举例说明，在原有的“学习习惯”一项中，有积极思考、发现问题、解决问题的评价，这也是核心素养中提到的“实践创新”素养。而在“实践创新”素养中，不仅有发现问题、解决问题，还有“寻找途径”“合理解决”这样对解决问题方法的评价，这对学生的成长是更重要的素养，于是，我们把原有的三小点剥离出来，重新设立“实践创新”这一素养的评价栏目。

第三，形成框架。我们通过自上而下、自下而上的多次论证，建构了以核心素养为目标，以学科素养为基础，以《学生成长护照》为载体，以“全员参与、全程跟进、全面评价”为评价理念的《复华小学核心素养评价框架》，以国家发布的核心素养三级目标为指导——结合学校实际梳理出覆盖 5 个学年 10 个学期核心素养六大方面、90 个关键词由浅入深的排序——以责任担当为例每个学年都是层层递进，螺旋上升——建立三个载体：学科为基础，核心为目标。《复华小学核心素养评价框架》的形成，是深化教育改革、落实核心素养、促进学生全面发展的突破口，促进了核心素养在复华小学教育教学工作中的全面落实。

二、落实方法手段，增值评价效能

复华小学评价实施的载体是《学生成长护照》，评价的基本途径是平时性评价、学科性评价和综合性评价。

1. 平时性评价——指向好习惯养成

好习惯是核心素养的外显，只有通过好习惯的不断沉淀和内化才能逐步形成核心素养。复华小学原有的 30 个好习惯的养成，贯穿于学生整个小学阶段，落实到每一天每一节课。这种时时地评价循序渐进，润物无声地帮学生积累着一些内隐的、综合的素养。例如：在一个学生二年级下学期的评价单上，我们看到无论是自己还是同伴、老师，甚至家长都感受到了他在合作中有问题，于是教师的寄语是这样写的："合作是成功的基础之一，成长过程中我们少不了伙伴的帮助和支持，请珍惜你获得的每一份友谊。"三年级下期，又出现了关于合作的评价条目，学生明显进步了，教师寄语是这样写的：" 大家都感受到了你成长的惊喜，学会了自己管理自己，学会了和伙伴友好相处，坚持下去，一定会硕果累累。"可见，平时一点一滴的跟进评价，形成了教育的合力和持续力，帮助学生养成了好习惯，提高了核心素养。

2. 学科性评价——成为最好的自己

在以学科教学为主体的现有学校教育中，学科应成为核心素养达成的最重要载体。因此，复华小学从上学期开始，在一二年级进行了两年的学科评价基础上，在高年级全面铺开以核心素养为目标的学科单项验收活动。每位老师依据自己学段的课程标准和学科素养，制定出验收方案。

以美术学科为例，按照学校的六大核心素养中提到的文化底蕴，美术组老师制定了详细的评价方案，在评价方案的指导下，美术老师带领五个学年的学生们分别在 958 艺术馆开设了《大师画我也画》的美术课；在博物馆，开设了《动物的真实面目》的美术课；在校园里，开设了亲子文化衫、雨伞与团扇、彩绘纸葫芦等课程；今年的六一，在西城红场，复华的五年级学生成为全省首个开设学生画展的群体，美术成为有灵性、有生命力的学科。

今年 4 月，全校学生的课文朗读和诗词背诵的单项验收以"我爱朗读"

复华小达人评选、“我爱诗词”学年诗王争霸赛活动为载体展开。学生们上传了上千篇课文朗诵录音，海选后进行了五个学年五场大型的诗王争霸赛，二十多位外籍学生也背会了几十首中国诗词，来自俄罗斯的亚克力小朋友背完古诗后，一句外国腔调的“我爱诗词”让全体评委忍俊不禁，又倍感自豪。

面向全体学生，本学期共进行了14个单项的验收，这种持续性、深入性、全学科、全学段的单项评价，大大提高了学生的学科素养，为核心素养的达成奠定了坚实的基础。

3. 综合性评价——实现评价增值

期末的综合性评价就是要通过增量保底、学科整合、团队合作等策略，既为学科素养奠基，又为那些跨学科的、关键的又难以测量的核心素养护航。

（1）增量保底。综合评价的目的是促进学生健康快乐地成长，不能以降低学科标准、失去学生应掌握的知识技能为代价，否则只有快乐而没有成长。

例如，“雪橇快快跑”是结合体育项目的计算验收，由每人一题，增量到50题。又如，“雪娃拼拼乐”项目，加大了对识字量的考核，增加了对拼音的考核。让增加的题量既有趣又有效，变验收“好玩”为“玩好”，在保量的基础上保质，实现量变到质变的跨越。

（2）学科整合。评价增值不仅仅是量的叠加，还要有学科内容的贯通与融合，体现学科素养的增值。

通过综合性评价的表格，每一个项目都有机地融合了至少三个以上的学科内容，涵盖了横向所有学科和纵向每一学科的所有要点。经过整合，有效减轻学生负担，考查学生的综合素养。

一个项目的验收，有机地融合了多个学科素养的评价，重要的学科素养还会通过不同项目进行循环上升的深入评价。一年级数学找规律这一内容，在“乐舞恰恰恰”和“甜蜜糖果屋”两个项目中都要进行验收，前者重视学生利用视觉、听觉判断、寻找规律；后者重在通过自主选择材料、自主创造规律、动手操作呈现的过程，验收学生创新意识、应用能力、解决实际问题等综合素养。这样多方面、多角度地增加评价内容的厚度，使学科素养的培养真正落到了实处。

（3）团队合作。评价的增值还体现在团队合作中，让学生们在合作中掌握合作技能，在评价中提高评价素养。

例如：综合验收时，学生团队组建后要求研究制定自己团队的闯关路线，这就需要学生综合考虑时间长短、流程快捷与否、与其他团队是否交叉等众多因素，合理制定最佳路线。为了让学生在遇到问题时，学会思考并寻求有效帮助，我们新增设了“加油站”，设置了路线二维码，学生可以通过扫码得到最佳路线。“加油站”中还为学生提供字典、学习工具等备品，并设立一位学生志愿者做人工导航，方便咨询。在选择路线、调整路线的过程中，对学生的解决问题、有效沟通等素养都有评价；通关结束后，对团队也有奖励，奖励中有和校长拍照、做一天班主任、选择一个伙伴做同桌等。借助团队合作对一些关键又难以测量的综合素养进行评价，满足了学生成长过程中的精神需求，发挥了评价助力成长的作用。

这，就是我们增值评价的力量。

三、反思实践效果，调整细化措施

1. 促进了课程建设

评价实施的主要阵地在课堂，评价实施的主要载体是课程。核心素养指导下评价体系的建设，促进了课程的开发与重组。34 项校本课程和班本课程的开发，持续两年的学科课程整合研究、德育的主题课程和探索类课程的尝试，都是评价“倒逼”下取得的收获。

2. 改进了教学行为

课堂是师生成长的地方。课堂上，评价视角的转变引领了教师教学行为的改变，教师更关注学生的实践体验、乐学善学，更关注学生的人文底蕴、全面发展。教师们以自己的包容塑造了学生们的宽容，以自己的善良成就了学生们的友善，以自己的专业和敬业提升了学生们的综合素养。

3. 思考努力的方向

评价体系的建设为学校的发展带来生机。下一步要努力做好三点工作：一是完善评价体系，细化评价标准；二是探索中高段学生素养培养的整合性、综合性评价策略；三是拓展评价空间，开发在线测评工具，形成可持续、全方位的学生成长的追踪数据库，为学生提供科学的、个性化的指导，最终促进学生学习能力的提升与核心素养的培养。

一年来，评价理念的转变，评价方式的创新，真实地撬动了课堂教学变革，促进了核心素养的落实，成就了个性飞扬的学生。正如一位专家所说："评价的目的不是为了让不同变得相同，而是让不同更加不同。"

作家刘墉说："你可以一辈子不登山，但你心中一定要有座山，它使你总往高处爬，它使你总有个奋斗的方向，它使你任何一刻抬起头都能看到希望。"复华人就是这样，带着敬畏之心，怀揣着学生成长这座山，在教育之路上，仰望星空，脚踏实地，永远向着希望奋力登攀。